U0129077

奇正虛實揚先勝

—— 「兵經」《孫子》用兵與修辭藝術探究

杜 志 成 著

文 史 哲 學 集 成
文史哲出版社印行

國家圖書館出版品預行編目資料

奇正虛實揚先勝：「兵經」《孫子》用兵與修辭
藝術探究 / 杜志成著.-- 初版. -- 臺北市：文
史哲,民 94
　　面：　公分.（文史哲學集成；497）
　參考書目：面
　ISBN 957-549-598-5 (平裝)

1. 孫子兵法 – 研究與考訂

592.092　　　　　　　　　　　94007034

文史哲學集成 497

奇正虛實揚先勝
—「兵經」《孫子》用兵與修辭藝術探究

著　　　者：杜　　　志　　　成
出 版 者：文　史　哲　出　版　社
http://www.lapen.com.tw
登記證字號：行政院新聞局版臺業字五三三七號
發 行 人：彭　　　正　　　雄
發 行 所：文　史　哲　出　版　社
印 刷 者：文　史　哲　出　版　社
　　　　　臺北市羅斯福路一段七十二巷四號
　　　　　郵政劃撥帳號：一六一八○一七五
　　　　　電話886-2-23511028　•　傳真886-2-23965656

實價新臺幣三二〇元

中華民國九十四年（2005）四月初版

文武兼資，體用合一的孫子兵法

—— 序杜志成《孫子用兵與修辭藝術探究》

> 理國無難似理兵，兵家法令貴遵行。
> 行刑不避君王寵，一笑隨刀八陣成。

這是唐末詩人周曇的詠史絕句〈孫武〉，借孫武訓練女兵之事，闡明執法必嚴之理，首二句直言：治理國家恰似訓練軍隊一般，其實無啥難處，其唯一關鍵乃遵行法令，正所謂軍令如山，軍紀似鐵，一個口令，一個動作。後二句詠史，謂孫武當年爲吳王訓練宮女，執法不避國君的寵愛。三令五申之後，宮女們仍隨意嘻笑，視軍紀爲兒戲，孫武按軍法當場處決了兩名擔任隊長的吳王寵妃，立即見效，宮女們嚴肅地接受號令，列陣演練，訓練成功。

春秋末期的軍事奇才孫武（B.C.535-475），是人類歷史上最偉大的軍事家，《孫子兵法》兩千五百年來，被奉爲「兵經」。二十世紀以後，更廣爲世界各國軍事家所重視，推而廣之，商業競爭的種種策略，均以此爲圭臬。時至今日，《孫子》已蔚爲世界上的顯學，研究《孫子兵法》的專書與論文，不勝枚舉。杜志成這部《孫子用兵與修辭藝術探究》（文史哲出版社），首度將兵法與修辭藝術結合，文武兼資，體用合一，不但頗具特色，而且其人其書福緣殊勝。

　　第一，帶動進修風氣。民國八十九年，張建葆教授創辦玄奘大學中文研究所在職專班，專班學生多係在職的社會人士，其中最令人矚目的是有不少教官。杜志成現職景文技術學院的總教官，是教官中的頭頭。他倡導風氣，鼓勵同仁進修，居功厥偉。自從九十一年入學以來，成果斐然。中國技術學院教官方定君《〈悲憤詩〉與〈孔雀東南飛〉研究》，南亞技術學院教官葛建國《謝靈運詩修辭探究》，復興商工教官黃慧萍《《唐太宗李衛問對》研究》，國防管理學院教官蔡琳琳《劉勰《文心雕龍・史傳》研究》，僑大先修班教官王越《史記・刺客列傳研究》，醒吾技術學院教官費泰然《李白《古風五十九首》修辭藝術》，新竹師院教官王雲芝《《論語》修辭藝術》。總計八位教官，都能在兩年之內完成論文，順利畢業，在中文研究所而言，洵屬異數。其中緣故，軍人守紀律、共患難，杜總教官的帶動、督促，每月定期到老師家討論論文，剋日計功，功不可沒。

　　第二，求學鍥而不捨。志成先後就讀於台北市雙蓮國小、民權國中、省立三重商工汽修科，後考上龍華工專機械科，畢業時以第一名考取預備軍官，後轉任軍訓教官。歷練各項軍事訓練，並為預備軍官出身考取三軍大學陸軍學院的第一人。又利用公餘進修，取得國立空中大學人文學系的學位。如此曲折求學之路，雖然歷經艱辛，卻是鍥而不捨，金石可鏤，正是名副其實的「有志者，事竟成」。

　　第三，師生淵源頗深。志成在空大曾修習我主講的《人文學概論》、《詩選》、《詞曲選》、《中國詩書畫》、《中國文學專題》等課程，但由於「隔空教育」，直到民國九十年到玄奘大學臺北智光教學中心進修，才首度見面。九十一年考進碩士專班，九十三年畢業後仍繼續在研究所學分班進修。我在玄奘講授的課

程，他先後修讀「修辭學研討」、「中國文學史研討」、「詩學研討」、「文心雕龍研討」、「中國文學批評史研討」等，從大學到研究所總計上了十門課程。教書三十五年，所有學生之中，修讀我的課程，志成是唯一最多的第一人，師生因緣深厚。猶記得民國九十一年碩士專班入學考試，預言保證考取，因爲我請吳放刻了一方印章——有志竟成。

「有志竟成」的具體成果就是這本《孫子用兵與修辭藝術探究》，忝爲指導教授，其實我對孫子兵法並不內行，原本十分心虛，但爲之釋然的是《文心雕龍・程器篇》的一段話：

　　文武之術，左右爲宜，郤縠敦書，故舉爲元帥，豈以好文而不練武哉！孫武兵經，辭如珠玉，豈以習武而不曉文也！

本書架構完整，綱舉目張，闡論中肯，譬若兵法，堂堂皇皇，軍容壯盛。除首章「緒論」、第二章「孫武之際遇與兵經」之外，主體是中間的三章，分論「用兵藝術」、「戰爭實踐與思想侷限」、「修辭藝術」，其間不乏可取可觀者：第二章論孫武受《周易》、孔子、老子、古齊吳楚文化思想之影響：仁義戰爭觀、慎戰思想、領導者品格、不迷信鬼神。第三章概論用兵藝術：一.「廟算」之先知運籌，二.「形勢」之詭譎成勢，三.「天地」之居安思危，四.「虛實」之攻虛擊弱，五.「奇正」之奇拙正勝，第四章概論孫子軍事思想之侷限：一.君命將令、權責未明，二.重視結果、重利輕義，三.偏重速決、攻勢思想。第五章探討《孫子》之修辭，分析全書中所運用譬喻、映襯、夸飾、對偶、排比、層遞等各種技巧，令人感覺靈氣飛舞。

最精彩的是「結論」，針對其軍事思想，歸納出四點特色：一.執持重戰又慎戰之戰爭觀，二.不戰而屈人之兵戰略觀，三.詭

道與謀略之軍事戰略觀，四.致人而不致於人之戰術理則。針對哲學思想體系歸納五點：一.危微又精一，二.反天命鬼神，三.重政治因素，四.忌孤行躁進，五.通常變之道。至於「孫子的時代價值」：第一是兼資文武，第二是體用合一。讓二千五百年前的《孫子兵法》，在廿一世紀的今天，煥發出嶄新的意義與光輝，令人精神振奮！其實，志成為人英華內斂，外圓內方，正道直行而處世圓融，慎謀能斷而敬業樂群，其書其人，一言以蔽之，就是：兼資文武，體用合一！

　　　　　　　民國九十四年六月十七日 **沈　謙** 序於臺北

奇正虛實揚先勝

—「兵經」《孫子》用兵與修辭藝術探究

目　次

第一章 緒 論

　　有人類歷史就有戰爭的記載，人類的戰爭史和文化史一樣綿長，戰爭策略和技巧的演進，也是人類文明進程的一部分，其間雖有聖人提倡仁義，高呼止戰，然戰爭與生活如影隨形，揮之不去，這是因為戰爭是人際衝突的擴大，而人際之衝突，導源于人心之不同各如其面。從歷史和眼前的事實都足以證明：春秋時期諸子的治國處世之術，已無法解決人際之間的矛盾和衝突，一旦仁義不張，和諧不得，為求得在衝突中的勝利：進，可伸張意志，擴大國家權力的行使；退，可保全個體的生存，避免亡國滅種的危機。由此觀點延伸，戰爭好比刀之兩刃，既可以毀滅人類的文明，又可以保護文化而不墜，端看立足點及使用手段而已，故《孫子兵法》（簡稱《孫子》）實際並不限于軍事專門著作，推而廣之，它已是中國文化的一支，故其文化內涵之探討，亦為本文之重點。

　　身為東方兵聖的孫武（約 B.C535～475）為春秋末期人，是中國首屈一指的戰略理論家，更是歷史上最偉大的軍事天才。他的兵法十三篇，是融合戰國以前二千多年戰爭經驗的結晶，也是中國古代兵法的大成，故明朝驅倭名將戚繼光在《紀效新書‧自序》[1]云：

1　明‧戚繼光撰《紀效新書‧自序》p.2，台北：廣文書局，1976 年 8 月。

孫武之法，綱領精微，為莫加矣。

足見，在戚繼光的心目中，《孫子》是中國兵學之代表，它的產生，在百家中爭得「兵家」一家之位，從此，學兵必讀《孫子》、言兵必循《孫子》、談兵必尊《孫子》。本文從《孫子》成書、兵學淵源，探究其兵法之精義所在，此為本文研究之範圍。

第一節　研究動機

孫武在軍事學術上的成就，是他運用科學的方法，把古代片斷的戰爭經驗，整理成一套有系統的軍事邏輯。而其更大的貢獻，是他能正確地把握了戰爭的基本原理，歸納為永恆不破的戰爭原則，樹立了具有獨創性的軍事理論；這不僅主導了中國武人的思想，即使近代世界著名的軍人，也都直接或間接地受到《孫子》思想的影響，如西方著名的軍事家李德哈特（B. H. Liddell Hart）在替格理菲斯（Samuel B. Griffith）所新譯的《孫子》英文本作序時，曾指出《孫子》為世界最古老的兵書，但在思想的淵博和深入程度上，從無后人能超越他。他又說在過去所有的軍事思想家之中，只有克勞塞維茲（Carl Von Clausewitz）可與其比較，但甚至于他還是比孫子「陳舊」，儘管他的著作晚了二千年[2]。我們在《孫子》的著述中，發現它涵蓋了不少近代大戰略、國家戰略、軍事戰略以及野戰戰略的概念。

孫武的戰略理論，可以適用于全般性的戰略階層，也可以適用于個別性的戰術運用。整體而言，他的戰略構想，是求勝求全

---

[2] 李德哈德（B. H. Liddell Hart）著、鈕先鍾譯《戰略論：間接路線·附錄·李德哈特及其思想》（STRATEGY：The Indirect Approach）p 474，台北：麥田文化公司，1996 年 6 月。

的；他的戰略計畫，是求精求實的；他的戰略指導，是求新求變的；他的練兵選將，是從嚴從難的[3]。本文藉探討「廟算」、「形勢」、「天地」、「虛實」、「奇正」等思想，希印證出孫武在哲學、科學、兵學間的關係，則爲本文研究之目的。一部如此偉大的著作，竟是兩千多年前我國春秋時期的產物，著實令人贊嘆不已，它既是歷史的奇蹟，卻又蘊含著必然的因素：

壹　個人因素

　　孫武的故里齊地，富有尙武精神，是一個具有悠久兵學傳統的大邦，曾經湧現出佐周滅商，傳說中著有《太公陰符》的姜子牙、與倡「尊王攘夷」而首霸春秋的名相管仲及其書《管子》、受命于危難功勳卓著並有《司馬法》傳世的田穰苴等卓越將帥。同時代出現的兵書《軍志》、《軍政》等，在兵學氣氛濃厚的齊地，勢必引起人們的極大重視，至少在上層貴族社會被有識者廣泛習誦，這些，無疑對孫武的著作產生直接的影響。對照《左傳》引述《軍志》主要有「先人有奪人之心，后人有待其衰[4]」等，與《孫子》中出現的「攻其無備，出其不意[5]」、「將軍可奪心[6]」和「少則能逃之，不若則能避之[7]」等內容，便可以看出其中的傳承。此外，黃帝、武王、周公等征戰及齊桓公、晉文公等稱霸之

---

[3] 陶光遠〈研讀《孫子兵法》心得〉，《陸軍學術月刊》第一九一期，龍潭：陸軍總司令部，1981 年 8 月。

[4] 晉・杜預注、唐・孔穎達等正義《春秋左傳正義・昭公二十一年》台北：新文豐出版公司：2001 年 6 月。

[5] 魏・曹操等注《宋本十一家注孫子・計》：「兵者，詭道也。……佚而勞之，親而離之，攻其無備，出其不意。……」香港：華寶齋書社，2002 年 6 月。

[6] 《宋本十一家注孫子・軍爭》：「故三軍可奪氣，將軍可奪心。」

[7] 《宋本十一家注孫子・謀攻》：「故用兵之法，十則圍之，五則攻之，倍則分之，……，少則能逃之，不若則能避之。……。」

經驗與歷代典籍中有關戰爭記載的總結，均給孫武的成書提供了
多元思考的方向。

貳　環境因素

　　春秋戰國之際，在「王官文化[8]」時風下，私家講學、著作尚
未興盛，學問的傳播方式僅能靠家族內部的傳授，而具深厚兵學
傳統，不乏名將輩出的齊田氏家族，自然給予孫武在嫻熟兵學上
提供了有利的條件，使他在耳濡目染中淬礪出堅實的兵學素養，
對客觀事物則有著異于常人的洞察力，及對于事物發展變化規律
的真知灼見，時至今日對人們仍有著不可取代的指導作用。本文
藉孫武在戰場上用兵如神，希研究其軍事思想的基本理念：即爲
戰略、戰術的藝術性與戰鬥作風的連貫性，深入探索其思想侷限
之所在。

參　縱橫文風

　　作爲先秦兵家的代表 ──《孫子》，其體系完備，建構嚴整，
見地精闢，蘊含深邃，乃超越時空與地域，爲具深廣久遠的不朽
名著，依史載：吳王闔廬即位后，行人伍員曾多次將孫武推荐給
闔廬，遂獻兵法十三篇，據《吳越春秋・闔廬內傳》[9]云：

　　而召孫子，問以兵法。每陳一篇，王不知口之稱善。其意
　　大悅，問曰：兵法寧以小試耶?孫子曰：可。可以小試于后

8　楊樹增《先秦諸子散文・詩化的哲理・前言》p1，桂林：廣西師範大學出版
　　社，1999 年 8 月。
9　漢・趙曄撰、元・徐天佑音注《吳越春秋・闔廬內傳》：「而召孫子，問以
　　兵法。每陳一篇，王不知口之稱善。其意大悅，問曰：『兵法寧以小試耶?』
　　孫子曰：『可。可以小試于后宮之女。』王曰：『諾。』，……。」

宮之女。……。

在單純運用語言表述，使闔廬意猶未竟，充滿期待，更進一步想藉實兵演練方式，印證孫子所建構之致勝方策是否可行，遂提出「可以小試勒兵乎？」、「可以試諸婦人乎？」，又引出了「吳宮教戰」「婦人練兵」的逸聞，顯示春秋戰國之際，學術思想極其活躍，有志之士為實現抱負，遂于鑽研、領悟中，揮動筆墨，寫下創見，以求聞達。先秦諸子莫不以其散文的生動形象為后人所傳誦，這些遊說之士們所憑藉的思想與智慧，也就是先秦諸子散文的核心。

肆　務實啓示

《孫子》得以廣泛流傳，緣于它的語言具有特色，是造詣很高的文學語言，至今我們閱讀起來，若見其人，隱然感受其節奏明快而流暢、條理清晰而貫通；它的內容詞約義豐、結構嚴謹、邏輯周密，如明末軍事理論家茅元儀在其名著《武備志·兵訣評》[10]云：

前孫子者，孫子不遺；后孫子者，不能遺孫子。

顯示其理論周密嚴謹，除再次確定它在中國軍事史上的地位外，並因其文字精妙，讀起來琅琅上口，易于傳誦，成為它深受人們喜歡的原因之一，為能有條理分析語言文辭之美，本文將依修辭分類方法詳予探究，希尋出其文辭靈動巧妙之處。另在春秋農業革命的時代特色下[11]，孫武及其兵法用來戰爭指導的情景：大約

10　明·茅元儀輯《武備志·兵訣評》p.100，台北：世華出版社，1984 年 6 月。
11　參見艾文·托佛勒／海蒂·托佛勒（Alvin and Heidi Toffler）著、傅凌譯《新戰爭論·第一波戰爭》（War and Anti－War）p.34-41，台北：時報文化公司，1995 年 3 月。

是：那種刀對刀、槍對槍和兵對兵、將對將，即便是運籌于帷幄之中的良策高謀，也必須透過戰場上的兵戎相對，始能付諸實現[12]。然二十世紀中葉起，戰爭形態的改變，即使西方兵聖克勞塞維茲的軍事理論也暴露出嚴重的缺點。同樣，尖端武器的縱橫沙場，促使《孫子》益顯侷限。但是，歷史的發展有其或然，其作用在于：「協助人們對于過去事實的認知和傳達的成果[13]。」而《孫子》之價值在于它務實的思想啓示，而非，指其能否在當今窒礙難行之處提出具體解決的方法。

第二節 研究大要

本論文題目爲「《孫子》兵法藝術與修辭研究」，我們藉由對《孫子》之研究，除可發現其體系博大精深，瞭解它充滿睿智的哲理外，更有益于啓迪各領域中人們的智慧，其關鍵性質取決于靈活運用，本文內各章節將以「基源問題」[14]（包含「發生研究法」、「解析研究法」及「系統研究法」）之處理，特以「《孫子》兵法藝術與修辭探究」爲框架，輔以《春秋·左傳》、先秦兵家著作，歸納出《孫子》成書、兵制變革、戰勝之道及追尋語言文辭表象的內涵等，計架構出六章：

第一章　緒論　概述全文之要旨。

---

12 參見施芝華《孫子兵法與人生智慧·自序》p.7-8，上海：學林出版社，2003年4月。

13 周梁楷、吳振漢、胡昌智《史學導論·歷史的意義》p.9，台北：國立空中大學，1995年8月。

14 勞思光《新編中國哲學史》：「基源問題研究法：是以邏輯意義的理論還原爲始點而以史學考證工作爲助力，以統攝個別哲學活動於一定設準之下爲歸宿。」p.7- p.17，台北：三民書局，1998年11月。

　　第二章　孫武之際遇與「兵經」　首先透過孫武所面對的時代，孕育的環境，及田氏家族的薰染等歸納分析，以明其生平梗概。其次在春秋時，諸子百家的爭鳴與列國爭霸的戰爭實例交錯下，釐清其兵學淵源之所宗。

　　第三章　《孫子》用兵藝術之探究　任何事物皆有萌芽、形成和發展的過程，而《孫子》兵法便是在血與火的洗禮中，藉無數次用兵指導與征戰體現，經過不斷總結，反覆提煉，由感性提昇至理性的產物。

　　第四章　《孫子》戰爭實踐及思想之侷限　隨時代之更迭、戰爭的頻繁，印證出《孫子》內容與作者所處之境域息息相關。孫武干謁吳王闔廬之際，闔廬、子胥之流一意以亡楚為職志，故《孫子》全書完全以戰勝攻取為主要訴求。有關「防禦」、「守勝」、「救敗」等思想付之闕如，當其付諸行動時，難以放諸四海，一體適用，本文就其思想在運用上的不足與扞格不入之處，作深入探討，希尋繹出戰爭精義之所在。

　　第五章　《孫子》修辭藝術之探究　《孫子》是先秦兵家之代表，而其軍事理論著述，勢必受到時代文體的影響：文辭簡約而旨意深遠，體系博大而論述精粹，有意追求文字的整齊，語言中常帶詩的協韻，大都出于天籟[15]，除能雅俗共賞外，更有利于口語相傳。在修辭技巧上，大致運用「譬喻」、「映襯」、「夸飾」、「設問」、「對偶」、「排比」、「層遞」等修辭格，使篇中之文眼——〈謀攻〉自然浮現，顯示其文章結構嚴謹，論理有據。

　　第六章　結論　《孫子》是孫武針對春秋期間諸侯爭霸、兼

---

[15] 劉大杰《中國文學發展史‧周詩發展的趨勢及其藝術特徵‧詩經的文學特色》p.63，台北：華正書局，2001 年 8 月。

併頻繁，為解決攸關國家生存大計，所提出的良方。全書涵蓋戰爭的認知，戰略、戰術及治軍之實踐等，足證《孫子》匯集先秦各家之長與戰爭經驗于一爐。深究其內容，除可探討兵學理論外，其間還蘊含深厚人生觀與哲學思維，亦可彰顯其在兵學的成就外，更為古今中外學術界所肯定。

　　以上乃本文之研究範圍、目的，與內容之大較。余自二十五年前研讀《孫子》，知之好之樂之，心領神會，其樂無窮，近三年致力研究資料之蒐羅、研析，雖殫精竭慮，用心頗深，然所涉甚大，唯恐綆短汲長，力有未逮，疏漏難免，甚盼師友同好不吝賜正。

第二章　孫武之際遇與「兵經」

　　時代孕育了卓越的戰略思想家 ── 孫武，他的成就除建立在自己的積極努力外，觀其一生，則充滿曲折、坎坷，其過程是動態且富戲劇性。究竟「時勢造英雄」抑「英雄造時勢」這是值得討論的議題，但英雄卻又受限于時代，則是不爭的事實。在那戰亂頻仍的時代中，他獨具慧眼、勤奮思索所產生的軍事「先見」，有充分施展的機會，從戰場上的戰無不勝，更印證了其作戰理論的正確；但是僵硬的制度和君主的一意孤行、專恣暴虐，則又導致其在思想、才能上的侷限。諷刺的是：孫武所藉以施展才能和實現抱負的國度，竟在春秋末年被它的對手襲滅。從研究這位「前無來者」的傑出戰略家 ── 孫武的一生經歷、兵學淵源及著作，必將帶給我們無限的啓示。

第一節　孫武的時代──周文疲弊、兼併爭霸

　　當我們對《孫子》進行探源時，首先必須探究孫武所處的時代背景 ──「周文疲弊[1]」：乃指「周朝文化在歷經長時期的歷

---

[1] 王邦雄編著《中國哲學史‧先秦哲學》：「周文並不只是外在一套禮樂政教形式，它其實隱含著一套人生觀、宇宙觀、價值觀，而周文的疲弊，也象徵

史演變之后，已逐漸僵化而失去其時代性，由是造成整個時代的失序，……。」這正是孫武所面對的環境 —— 春秋時代。《春秋》本是記述魯隱公元年（B.C722）至魯哀公十四年（B.C481）242年間魯國歷史的一部編年史著，后世即名此時期爲春秋時期[2]。唯近人顧德融、朱順龍有不同的見解，在其合著《春秋史》指出春秋時代的起訖時間爲「平王東遷洛邑（B.C770）至晉韓、趙、魏氏共滅知氏（B.C453），三分其地[3]」，實際上韓、趙、魏滅知氏，已三家分晉，戰國七雄并列局面大體成形，以上區分正符合現代史學的分期原則。

孫武所處正是春秋末年，當時周天子已經喪失天下「共主」的地位，諸侯間憑藉實力，以強凌弱、以大并小，戰爭規模日趨加大，各國爲「兼併爭霸」的需要，無不力擴建軍，積極備戰，軍事思想及作戰方式亦不斷更新。另由于社會階層因藩離的突破，打破官學的壟斷而興起私人講學之風，個人亦開始著書立說等情形影響下，大環境像一幅色彩繽紛的畫：在「戰爭的風雨、變化的局勢、學術的下移、思想的活躍。」等有力線條交錯下，產生了曠世的奇才，而孫武更是其中的佼佼者。

壹　春秋時期之政治態勢

孫武所處的春秋末年，是一個社會大動盪、大變革和民族的大融合時期，同時也是我國學術思想蓬勃的時代，爲《孫子》的

著這些隱含的根本觀念，亟待整合，以適應時代的需要。」p.65，台北：國立空中大學，1998 年元月

[2] 錢穆《國史大綱・第二編・春秋戰國之部・霸政時期》p.36，台北：商務印書館，1990 年 3 月。

[3] 顧德融、朱順龍《春秋史・諸論》p.3，上海：上海人民出版社，2001 年 6 月。

產生提供孕育的環境，相關態勢如：

一、宗法封建的敗壞 [4]

春秋時期，以周天子為「大宗」的父權政治，隨著時間的推移，逐漸暴露出病端，如《史記‧楚世家》[5]云：「當周夷王之時，王室微，諸侯或不朝，相伐。」又如〈秦本記〉[6]云：「周厲王無道，諸侯或叛之。」然自平王東遷后，王畿的土地大為縮小，軍事力量相對衰弱，天子威信低落，朝貢廢絕，加上對諸侯政策的不當，時釀爭端，《左傳‧桓公五年》[7]云：

> 王奪鄭伯政，鄭伯不朝。秋，王以諸侯伐鄭，……戰于繻葛。……，鄭師合以攻之，王卒大敗，祝聃射王中肩。

在「繻、葛之戰」中，桓王差點喪命，從此，周天子之「共主」地位喪失殆盡，周立國所賴以生存的封建、宗法等制度已面臨土崩瓦解。

二、列國興革與爭霸

當周天子雖然名存實亡，仍有其神聖的地位，于是乎，想爭霸的國家無不打著「尊王」的旗號，舉行盟會，召集諸侯，表面上尊重周天子，實際上「挾天子以令天下，天下莫不聽」[8]，這就

---

[4] 參見孫廣德《中國政治思想史‧西周‧宗法思想與制度》：「宗法，就是尊祖敬宗，敦親睦族的政治與社會制度。宗法制度運用的規範，係以倫理道德為基礎。」p.49，台北：國立空中大學，1998 年 8 月。

[5] 日‧瀧川龜太郎《史記會注考證‧楚世家》：「熊渠生子三人。當周夷王之時，王室微，……。」台北：宏業書局，1994 年 9 月。

[6] 日‧瀧川龜太郎《史記會注考證‧秦本紀》：「秦仲立三年，周厲王無道，……。西戎反王室，滅犬丘大駱之族。……」

[7] 晉‧杜預注‧唐‧孔穎達正義《春秋左傳正義‧桓公五年》：「王奪鄭伯政，……，鄭伯禦之。王為中軍；虢公林父將右軍，……；周公黑肩將左軍，陳人屬焉。……戰于繻葛，命二拒曰：『旝動而鼓。』蔡、衛、陳皆奔，王卒亂。……」台北：新文豐出版公司，2001 年 6 月。

[8] 漢‧劉向集錄《戰國策‧秦策一‧司馬錯與張儀爭論于秦惠王前》：「據

是春秋時期所謂的「霸主」，由于霸主具有向諸侯國發號施令、征調軍隊和收取貢賦之權，形同享受天子之特權。《國史大綱》[9]云：「霸者標義：『一曰尊王；二曰攘夷；三曰禁抑篡弒；四曰裁制兼併。』」有野心的國君，無不處心積慮爭取。依墨翟所提春秋五霸，如〈所染〉[10]云：「齊桓染于管仲、鮑叔，晉文染于舅犯、高偃，楚莊染于孫叔、沈尹，吳闔閭染于伍員、文義，越勾踐染于范蠡、大夫種。此五種者所染當，故霸諸侯，功名傳于后世。」荀況亦有相同的見解如〈王霸〉[11]云：「是所謂信立而霸也。」

　　大國爭霸時，無不實施政治、經濟、軍事的方面的改革，以適應征戰所帶來的國力損耗，以位在東南邊陲的吳國能任用楚伍員、齊孫武爲將，實施改革，《呂氏春秋・首時》[12]云：「修法制，下賢良，選練士，習戰鬥。」，如《吳越春秋・闔廬內傳》[13]云：「設守備，實倉廩，治兵庫。」從上例可知：諸侯的擴軍已不受周王室制定的軍禮所限，全然依據爭霸或防禦的需求，自定

九鼎，按圖籍，挾天子以令天下，天下莫不聽，此王業也。」p.80，台北：里仁書局，1982 年元月。

9　錢穆《國史大綱・春秋戰國之部・霸政時期》p.41，台北：台灣商務印書館，1990 年 3 月。

10　清・孫詒讓著《墨子閒詁・所染第三》p.13，台北：華正書局，1987 年 3月。

11　唐・楊倞注、清・王先謙集解《荀子集解・王霸》：「故齊桓、晉文、楚莊、吳闔閭、越句踐，是皆僻陋之國也，威動天下，強殆中國，無它故焉，略信也。……。」，台北：台灣時代書局，1975 年 1 月。

12　戰國・呂不韋著、陳奇猷校釋《呂氏春秋新校釋・孝行覽・首時》：「王子光代吳王僚爲王。任子胥，子胥乃修法制，……。」p.733，上海：上海古籍出版社，2002 年 4 月。

13　漢・趙曄撰、元・徐天佑注《吳越春秋・闔廬內傳》：「子胥曰：『凡欲安君治民、興霸成王、從近制遠者，必先立城郭，設守備，……。斯則其術也。』」p.74，台北：世界書局，1980 年 3 月。

軍隊數量，從而使「禮樂征伐自諸侯出」成爲事實[14]。

三、諸侯陪臣執國命[15]

在周室衰微、列國激烈爭霸之同時，輔佐諸侯國君的卿大夫勢力卻急劇膨脹，出現了「陪臣執國命」的現象，使「禮樂征伐自諸侯出」逐漸轉變爲「禮樂征伐自大夫出」，當時的陪臣──卿大夫，不僅采邑是世襲，並可自行收取租稅及軍賦，組織自己的軍隊，如齊景公與豪族田氏互爭民眾，晏嬰歸納出爭取民心向背的關鍵，《左傳·昭公二十六年》[16]云：

> 公厚斂焉，陳（田）氏厚施焉，民歸之矣。

接著晏氏向景公獻策，希挽回頹勢，《韓非子·外儲說右上》[17]云：

> 若君欲奪之，則近賢而遠不肖，治其煩亂，緩其刑罰，振貧窮而恤孤寡，行恩惠而給不足，民將歸君，……？

晏氏剴切之建議，然景公耽溺于遊獵，始終未能實行，而陳（田）氏以大量貸出，小量收進的「厚施」辦法，終使民眾投奔至其領地，增強自己的實力，最終田氏「順勢」取代姜氏而掌齊政，而相同的情形，也接二連三發生在晉、魯等國，以晉國爲例：國君與卿大夫間攻伐頻繁，如晉厲公七年，公使胥童、長魚矯等「攻

14　賈若瑜《孫子探源·孫子所處的時代》p.7，北京：國防大學出版社，2001年5月。

15　魏·何晏等注、宋·邢昺等疏《論語注疏·季氏》：「孔子曰：『天下有道，則禮樂征伐自天子出；天下無道，……五世希不失矣！陪臣執國命，三世希不失矣！……。』」p.371，台北：新文豐出版公司，2001年6月。

16　《春秋左傳正義·昭公二十六年》：「陳氏最無大德，而有施于民。豆、區、釜、鍾之數，其取之公也薄，其施之民也厚。……」

17　清·王先慎集解、陳奇猷校注《韓非子集釋·外儲說右上》：「晏子對曰：『君何患焉！若君欲奪之，……則雖有十田成氏，其如君何？』」p.716，台北：河洛圖書出版社，1974年3月。

郤氏」，殺三郤[18]；平公八年，欒氏帥曲沃之甲入絳，與范氏戰，不勝而奔[19]；定公七年，「范氏、中行氏伐趙氏」，趙鞅奔晉陽；隔年，晉人又「敗范、中行氏之師于潞[20]」。吳王闔廬曾問孫武曰：「六將軍分守晉國之地，孰先亡？孰固成[21]？」可見在孫武生前，晉六卿尚在撕殺拼搏，勝負未定，這也是為什麼分裂的晉國要聯吳制「強楚」之原委所在。

四、戰爭行動的頻繁

「戰爭不外以其他的手段，保持其政治的繼續」[22]，春秋之際，缺乏最高權力機構來穩定局勢或糾紛仲裁，諸侯間彼此關係尖銳複雜而又欠缺妥善疏處，最終就是訴諸戰爭行動，依《中國軍事史·兵略》[23]：「僅魯史《春秋》記載在 242 年當中，就發生大小 483 次軍事行動。」當然，史料的疏漏散佚，這些統計未必完全，但足以證明：春秋時期戰爭次數之多和行動之密，可見一斑。例如春秋末年，吳國崛起于東南隅，攻伐兼併，勢不可擋，如在王壽夢十六年，吳伐楚，「取駕」[24]；王諸樊二年，吳又擊

---

18 《春秋左傳正義·成公十七年》：「厲公將作難，胥童曰：『必先三郤，……。』……，三郤將謀于樹。矯以戈殺駒白，苦成叔于其位。溫季曰：『逃威也。』遂趨……。」
19 《春秋左傳正義·襄公二十三年》：「四月，欒盈帥曲沃之甲，……欒盈奔曲沃，晉人圍之。」
20 《春秋左傳正義·定公十三年》：「秋七月，范氏、中行氏伐趙之宮，趙鞅奔晉陽。晉人圍之。」
21 李興斌、楊玲《銀雀山漢墓竹簡校本·孫子兵法新譯·吳問》p.78，濟南：齊魯書社，2003 年 3 月。
22 克勞塞維茲（Carl von clausewitz）《戰爭論·戰爭的計畫·戰爭是政治的一種手段》（On War）p.185，龍潭：陸軍總司令部，1980 年元月。
23 王蜀生等《中國軍事史·兵略·先秦時期主要戰爭的戰略·春秋爭霸》p.36，北京：解放軍出版社，1986 年 8 月。
24 《春秋左傳正義·襄公三年》：「吳人伐楚，取駕。駕，良邑也；……。」

楚師，「獲楚公子宜穀」[25]王餘祭十年，吳伐楚，「入棘、櫟、麻」[26]王僚，吳楚戰于長岸，互有勝負[27]；八年，吳敗楚及諸侯之師于雞父[28]；次年，吳又滅巢等，孫武就是在吳國國勢蒸蒸日上之際，從齊國至吳國，冀圖大顯身手。

　　春秋時除晉、楚、齊、秦等強國大肆兼并外，連實力較次之魯、衛、邾、莒、宋、鄭、吳、越等國也陸續擴展勢力，楚奔晉的申公巫臣在《左傳・成公八年》云：

　　　夫狃焉思啟封疆以利社稷者，何國蔑有？唯然，故多大國矣，唯或思或縱也。勇夫重閉，況國乎？

上為申公巫臣與莒國國君渠丘公立于池上的一席話，道盡了「春秋無義戰」[29]的態勢時，確實一言中的。依南開大學編著的《中國古代史》[30]所提，春秋各大國兼并小國的情形是：齊國先后兼并三十個國家和部落；楚國先后兼吞四十餘國和部落；晉國先后滅了二十餘國，征服四十餘國；秦國則是「益國十二，開地千里」，類似兼并的戰爭十分頻繁，而且是非不分，祇要有利可圖就為之，《左傳・昭公十八年》云：「鄅人藉稻。邾人襲鄅，……盡俘以

25　《春秋左傳正義・襄公十四年》：「吳人自皋舟之隘，要擊之，楚人不能相救。吳之敗之，獲楚公子宜穀。」

26　《春秋左傳正義・昭公四年》：「冬，吳伐楚，入棘、櫟、麻、以報朱方之役。」

27　《春秋左傳正義・昭公十八年》：「戰于長岸。子魚先死，楚師繼之，大敗吳師，獲其乘舟餘皇。……。」

28　《春秋左傳正義・昭公二十三年》：「吳人伐州來，楚薳越帥師及諸侯之師奔命救州來，吳人禦諸鍾離。子瑕卒，楚師熸。」

29　漢・趙岐注・宋・孫奭疏《孟子注疏・盡心下》：「孟子曰『春秋無義戰。彼善于此，則有之矣。……。」」p.604，台北：新文豐出版公司，2001年6月。

30　參見顧德融、朱順龍《春秋史・春秋時代的疆域和地方組織・列國的疆域變化》p.258。

歸。」就是一個小國去消滅更小國家的實例，突顯出戰爭的不義及次數的頻繁。

貳　春秋時期之經濟動脈

戰爭的發展與當時的經濟息息相關，因爲軍事力量是以堅實的經濟基礎作爲后盾，而雄厚的經濟力量，是要運用各種方法去發展，藉提高生產力來實現。一個經濟落后的國家，是無法承擔戰爭所帶來的損耗，晉卿韓宣子在《左傳・襄公二十七年》[31]云：

> 兵，民之殘也，財用之蠹，小國之大菑也。

可見，戰爭不僅是軍事與政治的角力，更是經濟上的競賽，這的確是古今中外戰爭經驗的真理，其特色如：

一、廢除井田、廣增賦收

在我們面對孫武的時代時，就必須了解當時的社會背景及生產環境，那時所實施的是井田制度，然隨兼併戰爭的出現、人口的增多、國土的拓展、軍隊規模的擴大，井田制已無法支應頻繁戰爭之所需，亟思改變土地所有制與變更稅制便應運而生：那就是廢除井田制，允許私人擁有土地。例如齊國便是率先廢除井田制的國家，《國語・齊語》[32]云：「相地而衰徵」的稅畝制，所謂稅畝制：即估量土地的肥瘠而區別賦稅輕重的徵收，它有利于刺激生產意願，減輕了農民的負擔，增加國家的稅收。齊桓公所以能成爲春秋首霸，是因爲他采納了管仲所倡的先富國強兵，而

---

31 《春秋左傳正義・襄公二十七年》：「韓宣子曰：『兵，民之殘也，……。將或弭之，雖曰不可，必將許之。』」

32 吳・韋昭注《國語・齊語》：「桓公曰：『伍鄙若何？』管子對曰：『相地而衰徵，則民不移；……』」，台北：里仁書局，1981 年 12 月。

后爭霸的戰略思想，《管子‧七法》[33]云：「爲兵之數，存乎聚財，而財無敵。存乎論工，而工無敵。存乎制器，而器無敵。存乎選士，……。」管仲在此強調了用兵與財務間的關係，並且重視了戰爭消耗所帶來的困境，〈參患〉[34]云：

> 故一期之師，十年之蓄積殫；一戰之費，累代之功盡；……。

魯國爲因應局勢亦作經濟上的改革，如《左傳‧宣公十五年》[35]云：「初稅畝，非禮也。穀出不過藉，以豐財也。」又如《左傳‧成公元年》[36]云：「作丘甲」其意指：從宣公起，魯國取消井田制，承認土地私有，不問公、私田，一律按土地的畝數征收稅賦，而人民不須在公田上作無償生產。另魯國爲防備齊國的攻擊，改以丘爲徵收軍賦的單位。而南方大國楚也對賦稅進行了改革，《左傳‧襄公二十五年》云：「楚蒍掩爲司馬，子木使庀賦，數甲兵。……量入修賦。賦車籍馬，賦車兵、徒兵、甲楯之數。」這就是說司馬蒍掩根據土、田情況治理賦稅、確定軍賦，并且按照所收獲的數量制定賦稅徵收的法令，可見，春秋各國幾乎皆把經濟視爲軍

33　漢‧劉向校定、李勉註譯《管子今註今譯‧七法》p.103，台北：台灣商務印書館，1988 年 7 月。

34　《管子今註今譯‧參患》：「故凡用兵之計，三驚當一至，三至當一軍，三軍當一戰。故一期之師，……。」

35　楊伯峻《春秋左傳注‧宣公十六年》：「《國語‧魯語下》云：『先王制土，藉田以力』，即此藉字。藉，借也，借民力以耕田也。蓋自殷、周以來，行井田之制。井田制有私田，亦有公田。農奴于公田，有進行無償勞動之義務，即所謂藉法。其后生產力日漸發展，不得不逐漸破壞此束縛生產力之井田制。初稅畝者，即表明魯國正式宣佈廢除井田制，承認土地私有權，而一律取稅。」p.766，高雄：復文圖書出版社，1991 年 9 月。

36　參見楊伯峻《春秋左傳注‧成公元年》：引「范文瀾《中國通史簡編云：『就是一丘出一定數量的軍賦，丘中人各按所耕田數分攤，不同于公田制農夫出同等的軍賦』，視之爲軍賦改革，且與〈宣公十五年〉：『初稅畝』聯繫，較爲合理。」p.784。

事的基礎，並認為對戰爭勝負有決定性的影響。

二、鐵器生產、農商發展

　　春秋時期由于冶鐵業的興起，開始運用鐵製的農具，加上耕牛的應用，所以農業生產則有明顯的提昇，其情形見于管仲向齊桓公之提議，《國語・齊語》[37]云：

> 美金以鑄劍戟，試諸狗馬；惡金以鑄鉏、夷、斤、斸，試諸壞土。

上列所列之「惡金」就是鐵，是用來製造農具及手工業器具。其意指：以先進的青銅器和鐵器來武裝軍隊和促進農業生產。管仲在齊國擬定「鹽鐵之策」[38]專司鹽鐵的生產及銷售，這對國家財政收入及促進經濟發產是有幫助。又如《左傳・昭公二十九年》[39]云：「晉趙鞅、荀寅帥師城汝濱，遂賦晉國一鼓鐵，以鑄刑鼎，著范宣子所為刑書焉。」在晉國鑄刑鼎所用的鐵，都是從民間以軍賦上繳。可見當時晉國對鐵的使用已經相當普遍。

　　由于鐵制工具的運用，也推動手工業生產，帶動軍隊的主要戰鬥裝備 —— 戰車製造業之發展，戰車數量的多寡與國家經濟發展有關，楚靈王狩獵于州來，次于潁尾時，與右尹子革提到車乘

37　吳・韋昭注《國語・齊語・管仲教桓公足甲兵》：「桓公曰：『為之若何？』管子對曰：『制重罪贖以犀甲一戟，……。索訟者三禁而不可上下，坐成以束矢。美金以鑄劍戟，……。』甲兵大足。」p.240，台北：里仁書局，1981 年 12 月。

38　《管子今註今譯・山國軌》：「桓公曰：『善。吾欲立軌官，為之奈何？』管子對曰：『鹽鐵之策，足以立軌官。』」p.1037。

39　楊伯峻《春秋左傳注・昭公二十九年》：「鼓為衡名，亦為量名。《禮記・曲禮上》：『獻米者，操量鼓。』，《管子・地數》：『武王立重泉之戍，令曰：民有百鼓之粟者不行。』，注云『鼓，十二斛』，此鼓為計容量之單位與器皿。……，注云：『三十斤為鈞，鈞四為石，石四為鼓。』則以鼓為重量單位，當時之四百八十斤。」p.1504

數量時，如《左傳·昭公二十九年》[40]云：「今我大城陳、蔡、不羹，賦皆千乘，……。」又如「今吾使人于周，求鼎以爲分」，楚靈王自恃車乘近萬，故作狂妄敢派人向周天子問鼎。又由晉昭公時「治兵于邾南，甲車四千乘」[41]合理分析：駐留國內之兵車也應有數千乘以爲備，足見其車乘之眾，國勢之強。

　　從上述情況看，鐵器的發展與運用，有利于生產力的提昇，更有助于國強民富，也唯有國家壯大，才能擴充軍備，問鼎于兼并爭霸之戰。

第二節　孫武的生平──貴胄之子、將門之后

　　研究歷史人物，不可抽離時空座標而作抽象的論斷，因爲人與環境是互動的，抽離時空就無法體會真實情況，然作者的生平往往與其思想、著作息息相關，身爲戰略思想家的孫武，除有著時代特殊因素造就外，家庭的影響及環境的薰陶，也是十分重要，藉由研究孫武之生平、行誼，將有助于瞭解其傑出軍事思想的產生原因。

　　孫武爲春秋末期人，《史記·孫子吳起列傳》云：

　　孫子武者，齊人也。以兵法見于吳王闔廬。闔廬曰：子之十三篇，吾盡觀之矣，可以小試勒兵乎？對曰：可。闔廬

40　《春秋左傳正義·昭公十二年》：「右尹子革夕，王見之，去冠被，舍鞭。與之語曰：『……，今吾使人于周，求鼎以爲分，王其與我乎？』……王曰『昔諸侯遠我而畏晉，今我大城陳、蔡、不羹，賦皆千乘，子與有勞焉。諸侯其畏我乎？』……？」

41　《春秋左傳正義·昭公十三年》：「七月丙寅，治兵于邾南，甲車四千乘，羊舌鮒攝司馬，遂合諸侯于平丘。」

> 曰：可以試以婦人乎？曰：可。于是許之，出宮中美女，
> 得百八十人。孫子分為兩隊，以王之寵姬二人各為隊長，
> 皆令持戟。……于是闔廬知孫子能用兵，卒以為將。西破
> 強楚，入郢，北威齊晉，顯名諸侯，孫子與有力焉。

觀司馬遷所記，與中國大陸山東臨沂銀雀山出土漢墓竹簡[42]《孫子・見吳王》[43]兩相吻合，足可徵為信之。

　　孫武家世，依《史記》的說法：孫子武者，齊人也；照《吳越春秋》[44]的說法：孫子者，名武，吳人也。不過兩書皆指出孫武是春秋末期的兵學家，在吳王闔廬三年至十年之間，在吳國為將，策劃並執行伐楚大計。另趙曄編著的《吳越春秋・闔廬內傳》亦是記載孫武較為詳細的書，如：

> 三年，吳將欲伐楚，未行。……登臺向南風而嘯，有頃而
> 歎，群臣莫有曉王意者，子胥深知王之不足，乃薦孫子于
> 王。……子胥諫曰：臣聞：兵者，凶事，不可空試。故為
> 兵者，誅伐不行，兵道不明。今大王虔心思士，欲興兵戈
> 以誅暴楚，以霸天下而威諸侯，非孫武之將，而誰能涉淮、
> 踰泗、越千里而戰者乎？

　　除此之外，漢以前的古書關于孫武的記載極少，《荀子・議兵》云：

> 善用兵者，感忽悠闇，莫知其所從出。孫吳用之，無敵于

42　山東省博物館臨沂文物組《文物・山東臨沂西漢墓發現孫子兵法和孫臏兵法等竹簡的簡報》p.15~p.26，1974 年第 2 期。

43　李興斌、楊玲《銀雀山漢墓竹簡校本・孫子兵法新譯・見吳王》：「曰：『兵法曰：「弗令弗聞，君將之罪也；已令已申，卒長之罪也。兵法曰：賞善始賤，罰……參乘為輿司空告其御乘曰：『……引而員之，員中規；引而方之……』孫子再拜而起曰：『道得矣。』」p.80。

44　《吳越春秋・闔廬內傳》：「孫子者，名武・吳人也，善為兵法，僻隱深居，世人莫知其能。」p.92。

　　天下，豈必待附民哉？

　　如《韓非子·五蠹》[45]云：

　　境內皆言兵，藏孫、吳之書者家有之，而兵愈弱，言戰者
　　多，被甲者少也。……。

　　據《呂氏春秋·上德》[46]云：

　　闔廬之教，孫、吳之兵，不能當矣。

　　如《尉繚子·制談》[47]云：

　　有提三萬之眾而天下莫當者，誰？曰：武子也。

以上各家都提到孫武善用兵，然對于其有關之生平、家世等，一
概沒有詳說，因此孫武的身世實在是一個撲朔迷離的疑案，造成
歷代對孫武皆有不同的說法，其主要原因為：文獻不足徵。然採
較為可信的看法，則考之《新唐書·宰相世系表》[48]云：

　　（孫氏）又有出自媯姓。齊田完字敬仲，四世孫恒子無宇，
　　無宇二子：恒、書。書字子占，齊大夫，伐莒有功，景公
　　賜姓孫氏，食采于樂安。生憑，字啟宗，齊卿。憑生武，
　　字長卿，以田、鮑四族謀為亂，奔吳，為將軍。

而南宋鄧名世與其子鄧樁所著《古今姓氏書辯證》其內容除「
恆」作「常」避諱外，其餘所記略同。以上二書內容一樣，可能
出自唐憲宗元和元年林寶所撰《元和姓纂》之書[49]。田完依史

45　清·王先慎集解、陳奇猷校注《韓非子集釋·五蠹》p.1066，台北：河洛圖
　　書出版社，1974 年 3 月。

46　戰國·呂不韋著、陳奇猷校注《呂氏春秋新校釋·離俗覽·上德》p.1264。

47　陽明先生手批《武經七書·尉繚子·制談》p.324，台北：三軍大學景印，
　　1976 年 6 月。

48　宋·歐陽修、宋祁撰《新唐書·宰相世系三下》p.2945，台北：鼎文書局，
　　1979 年 2 月。

49　于汝波《孫子兵法研究史·武經首位確立時期 —— 宋元》p.121，北京：軍
　　事科學出版社，2001 年 9 月。

載係陳公子完，其祖上可溯至虞帝舜之后[50]，如《左傳·昭公八年》[51]云：「陳，顓頊之族也。」相關情形亦在《左傳·襄公二十五年》[52]云：

> 昔虞閼父為周陶正，以服事我先王。我先王賴其利器用也，與其神明之后也，庸以元女大姬配胡公，而封諸陳，……。

經累代傳至陳完敬仲，因陳國爭奪王位內亂，遂奔齊，詳細情形如《左傳·莊公二十二年》云：

> 陳人殺其大子御寇，陳公子完與顓孫奔齊。……。齊侯使敬仲為卿。辭曰：羈旅之臣，幸若獲宥，及于寬政，赦其不閑于教訓，而免于罪戾，弛于負擔，君之惠也，所獲多矣。敢辱高位，以速官謗。請以死告。詩云：翹翹東乘，招我以弓，豈不欲往？畏我有朋。使為工正。

綜上言之：齊景公在封陳書以采邑的同時又賜書姓孫氏。從此，孫氏在齊國就與原陳氏分開，另立一宗族，且依《說文》[53]云：「陳、田古同音。」，故陳完亦作田完。爲清楚地看出孫武的世系，現根據《春秋左傳》、《史記》、《新唐書》等史料記載，

---

50 日·瀧川龜太郎《史記會注考證·陳杞世家》：「陳胡公滿者，虞帝舜之后也。……至于周武王克殷紂，乃復求舜后，得爲滿，封之于陳，以奉帝舜祀，是爲胡公。」

51 《春秋左傳正義·昭公八年》：「晉侯問于史趙曰：『陳其遂亡乎？』對曰：『未也。』公曰：『何故？』對曰：『陳·顓頊之族也。歲在鶉火，是以卒滅，陳將如之。……。』」

52 《春秋左傳正義·襄公二十五年》：「鄭子產獻捷于晉，戎服將事。晉人問陳之罪。對曰：『昔虞閼父爲周陶正，以服事我先王。我先王賴其利器用也，……。』」

53 漢·許慎撰、清·段玉裁注《說文解字注·古十七部諧聲表·六書音均表二·第十二部》：「田、陳同聲」p.833，台北：洪葉文化公司，2001 年 10 月。

調製簡表如下：

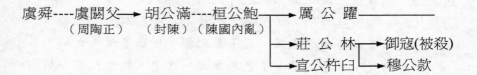

虞舜----虞閼父──→ 胡公滿----桓公鮑──→ 厲 公 躍────────
　　　　（周陶正）　　（封陳）（陳國內亂）

　　　　　　　　　　　　　　　　　　莊 公 林──→御寇(被殺)

　　　　　　　　　　　　　　　　　　宣公杵臼──→穆公款

──→陳公子完(敬仲)──→稚孟夷──→湣孟莊──→文子須無──→桓子無宇──→
　（奔齊，田、陳古同音，
　　故陳完亦作田完）

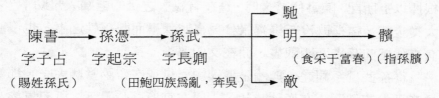

　　　　　　　　　　　　　　　　　馳
陳書────→ 孫憑 ───→ 孫武 ──→明 ──→髕
字子占　　字起宗　　字長卿　　（食采于富春）（指孫臏）
（賜姓孫氏）　　（田鮑四族爲亂，奔吳）　　敵

陳公子完（敬仲）奔齊前：參考《左傳》·〈莊公二十二年〉、
　　　　　　　　　　　　〈襄公二十五年〉、〈昭公八年〉；
　　　　　　　　　　　　《史記·陳杞世家》

　　　　　　奔齊后：參考《左傳·莊公二十二年》、《史
　　　　　　　　　記·田敬仲完世家》、《新唐書·宰
　　　　　　　　　相世系表》、《古今姓氏書辯証》

綜觀上圖，有下列幾項特點：

壹　孫武出身貴族世胄

　　他的祖先爲滿，始封于陳，世襲爲陳國君主，然因陳國內亂，
長幼失序，公子爭立，公子完遂奔齊，齊桓公使爲工正之官，掌

百工之官也[54]，陳完四世孫桓子無宇，因伐欒、高氏得勝而「盡致諸公」，齊景公便封高唐之邑，此時「陳氏始大」[55]。到孫武的祖父時，因伐莒有功，《左傳·昭公十九年》云：·

> 秋，齊高發帥師伐莒，莒子奔紀鄣。使孫書伐之。初，莒有婦人，莒子殺其夫，已為嫠婦。及老，託于紀鄣，紡焉以度而去之。及師至，則投諸外。或獻諸子占，子占使師夜縋而登。登者六十人，縋絕。師鼓譟，城上之人亦譟，莒共公俱，啟西門而出。七月丙子，齊師入紀。

根據以上所記：陳書伐莒之時，是在有殺夫之仇的老婦人幫助下，大獲全勝，這裡既沒有提齊景公為嘉獎陳書而賜孫姓之事，也沒有交代戰前孫書乃叫陳書，而在文中逕稱「孫書」。

　　從孫武世系觀之，無論是陳國國君，或在齊國當卿大夫，都是屬于貴族階層，在春秋時代，「學在官府」時風下，祇有貴族才能接受良好的教育，平民雖然可從春秋后期的私家講學中就學，畢竟不甚普遍且素質亦有可議之處，更況孫武所學乃一般人所無法問津的兵學，誠如《孫子》中引過古代軍事典籍《軍政》[56]、黃帝勝四帝的作戰經驗[57]及伊尹、呂尚從事間諜的史實等[58]，這

54　日·瀧川龜太郎《史記會注考證·陳杞世家》：「杜預考證曰：『掌百工之官也』」。

55　《春秋左傳正義·昭公十年》：「晏子謂桓子：『必致諸公！讓，德之主也；謂懿德。凡有血氣，皆有爭心，故利不可強，思義為愈。義，利之本也。蘊利生孽，姑使無蘊乎！可以滋長。』桓子盡致諸公，而請老于莒。桓子召子山，私具幄幕，……曰：詩云：『陳錫載周，能施也。桓公是以霸。』公興桓子莒之旁邑，辭。穆孟姬為之請高唐，陳氏始大。」

56　魏·曹操等注《宋本十一家注孫子·軍爭》：「軍政曰：『言不相聞，故為鼓鐸；視不相見，故為旌旗。』」香港：華寶齋書社，2002 年 6 月。

57　《宋本十一家注孫子·行軍》：「凡此四軍之利，黃帝所以勝四帝也。」

58　《宋本十一家注孫子·用間》：「昔殷之興也，伊摯在夏；周之興也，呂牙在殷。……。」

些寶貴知識的獲得，可資證明孫武出身于貴族家庭。

貳　孫武先祖善于用兵

　　史載：桓子無宇有力，事齊莊公，甚有寵[59]。《左傳·襄公六年》云：「齊師大敗之。丁未，入萊。……四月，陳無宇獻萊宗器于襄公。」經過近一年的作戰，最后，無宇代表凱旋之師獻萊國寶器于襄宮，可見，他在這場戰爭中是負有指揮責任，如《左傳·襄公二十四年》云：

　　秋，齊侯聞將有晉師，使陳無宇從蓬啟彊如楚，辭，且乞師。……楚子自棘澤還，使蓬啟彊帥師送陳無宇。

晉國伐齊，齊莊公派無宇請求楚國出兵，楚會陳、蔡、許之師伐鄭以救齊，晉爲救鄭，自齊退兵等。其不辱使命，使楚伐鄭以救齊，按楚在棘澤之戰救齊，是齊國的盟友。史傳：楚師之帥送陳無宇，則無宇一定親臨前線，與楚軍併肩作戰。《左傳·昭公十年》[60]云：「（陳）桓子授甲」而與鮑氏一起「伐欒、高氏。……五月庚辰，戰于稷，欒、高敗，又敗諸莊」，可見陳無宇還帶領自己宗族的軍隊，參與卿大夫之間的角逐，並進行激烈戰鬥。另其祖上孫書伐莒，帶兵攻城，運用謀略，齊師很快攻入紀鄣等，皆顯示在用兵上有其獨到之處。唯《左傳·哀公十一年》[61]記齊「陳書」參加艾陵之戰，若依孫武年紀推算則已五、六十歲，其

59　日·瀧川龜太郎《史記會注考證·田敬仲完世家》：「文子卒，生桓子無宇。田桓子無宇有力，事齊莊公，甚有寵。」
60　《春秋左傳正義·昭公十年》：「夏，有告陳桓子曰：『子旗、子良將攻陳、鮑。』亦告鮑氏。桓子授甲而如鮑氏。遭子良醉而騁，遂見文子，則亦授甲矣。……陳、鮑方睦，遂伐欒、高氏。……五月庚辰，戰于稷，欒、高敗，又敗諸莊。國人追之，又敗諸鹿門。……。」
61　《春秋左傳正義·哀公十一年》：「甲戌，戰于艾陵。……大敗齊師，獲國書、公孫夏、閭丘明、陳書、……革車八百乘，甲首三千，以獻于公。」

祖父又如何能參加戰爭之疑案？依近人楊善群在其《孫子評傳·孫武生平及其著述》[62]云：

> 孫書既然在昭公十九年（B.C523）已姓孫氏，不得到哀公十一年（B.C484），過了三十九年之后，復姓陳氏……。
> 故參加艾陵之戰的陳書，是陳無宇之孫，為孫書另立門戶之后陳氏宗族的另一人，與孫武之祖父孫書無涉。

孫武自幼耳濡目染于兵家戰陣事，其間與前輩們能有作戰藝能之切磋，或可以從其命名為「武」、字為「長卿」上分析，字義間隱含著家族長老的關心，父母的希望及自己對未來的期勉。相信孫武身為累代將門之后，在顯赫家世的影響下，為其鎔鑄「兵經」，施展抱負，提供了有利的背景。

參　孫武功利盡身誅戮

關于孫武的結局，史傳則語焉不詳，然《漢書》透露出蛛絲馬跡，〈刑法志〉[63]云：

> 孫、吳、商、白之徒，皆身誅戮于前，而國滅亡于后。報應之勢，各以類至其道然矣。

就《漢書》所示：此四人均在所效命的諸侯國滅亡之前，即遭誅戮。導致被誅的原因說法不一：如吳起佐楚、商鞅輔秦，均變法圖強，卓有成效，唯因得罪舊貴族集團，分別在支持他們的楚悼王[64]、秦孝公死后[65]，失去新主信任，遭守舊勢力反撲，死于非

62　見楊善群《孫子評傳·孫武生平及其著述》p.81，南京：南京大學，1995年10月。

63　漢·班固撰·唐·顏師古注《漢書·刑法志》p.237，台北：台灣商務印書館，1996年12月。

64　日·瀧川龜太郎《史記會注考證·孫子吳起列傳》：「故楚之貴戚，盡欲害吳起。及悼王死，宗室大臣作亂而攻吳起。吳起走之王尸而伏之。擊起

命。而白起則在秦昭王時屢建奇功，受爵封侯，卻遭相國范睢妒忌，因人主年邁昏瞶，終被逼自盡[66]。顯然，孫武的情況似應也不例外，據合理的推測：乃被吳王夫差所誅。至于導致誅戮的直接原因；或是受伍員牽連，抑或身退不仕惹惱夫差，亦或因是前君重臣，新主難容而蒙禍等。總之，結局決非善終。而其被誅的時間，據班固所言推之，必在句踐滅吳之前，其最大可能是吳都被圍的（B.C475）前一、二年，享年不到六十。巨星隕落，身后淒涼，據《越絕書‧記吳地傳》[67]云：

　　巫門外大冢，吳王客齊孫武冢也，去縣十里，善為兵法。

孫武的生平資料，可供查證者太少，但是《孫子》的十三篇兵法，卻都是中國軍事思想的結晶；他的一生也正如他的兵法所示：「微乎！微乎！至于無形，神乎！神乎！至于無聲。」（〈虛實〉）讀其書如見其人，我們只能從《孫子》的十三篇兵法中去認識孫武了。

之徒，因射刺吳起，……。」

65　日‧瀧川龜太郎《史記會注考證‧商君列傳》：「秦孝公卒，太子立。公子虔之徒，告商君欲反。……，秦發兵攻商君，殺之于鄭黽池。秦惠王車裂商君以徇曰：『莫如商鞅反者。』遂滅商君之家。」

66　日‧瀧川龜太郎《史記會注考證‧白起王翦列傳》：「秦昭王與應侯群臣議曰：『白起之遷，其意尚怏怏不服，有餘言。』秦王乃使使者之劍自裁。武安君引劍將自剄曰：『我何罪于天而至此哉』良久曰：『我固當死，長平之戰，趙卒降者數十萬人。我詐而盡阬之，是足以死。』遂自殺。」

67　漢‧袁康、吳平撰《越絕書‧越絕外傳‧記吳地傳》p.38，台北：世界書局，1981年5月。

第三節 「兵經」的成書 —— 博采 儒道、齊楚交融

先秦諸子以其博大精深的思想，在文化史上產生深遠的影響，他們的寶貴精神遺產，一直享有崇高的聲望。作為兵家之祖的孫武，長期以來獲得至高聲譽，迄今在世界軍事領域上仍占獨一無二的地位。《孫子》一書誕生于春秋末期，和任何文化的產生一樣，它是特定環境下的結果，從《孫子》產生原因的溯源，正是理解此一兵學巨著的入門。而孫武所處的時代，正是歷史上大動盪的時代，頻繁的爭霸環境和不斷創新的作戰形式，為古代兵學理論提供了成長的溫床；而學術下移、思想開放的結果，為孫武注入了不竭的思想泉源，更奠定了《孫子》產生的基礎。

壹 《周易》思想之影響

《周易》是古代的卜筮之書，也是哲學論著，而且是一部有關軍事的書籍。雖然《周易》對軍事的論述並不夠系統，但是它提供了大量先民的軍事歷史、作戰思想、陣法演進等內容，為爾后兵書的形成提供了寶貴的史料，依《四庫全書總目提要·經部·易類》[68]注云：

> 易道廣大，無所不包，旁及天文、地理、樂律、兵法、韻學、算術，以逮方外之爐火，皆可援易以為說。

軍事已然包含其中，由于《周易》與軍事有著密切關係，其間例證不勝枚舉，我們藉由與軍事有關的〈師〉、〈晉〉、〈同人〉、〈大屯〉等卦說明其間關係：

---

[68] 清·紀昀、永瑢等撰《四庫全書總目提要·經部·易類》p.63，台北：藝文印書館景印本，1969 年 3 月。

一、〈師〉卦 ䷆（坎下坤上）

　　西周典籍，戎事為重，多以「軍隊」為義，如《詩・大雅・常武》[69]：「整我六師，以脩我戎。」意謂：整頓六軍，做好軍事準備。《易》中，言及「師」字者十一次[70]，也都以「軍隊」為義，如〈泰卦・上六〉[71]：「勿用師」，就是「不要動用軍隊」，卦辭云：

　　　　師：貞，丈人吉，無咎[72]。

這句占斷之辭的意思是：軍隊進行正義的戰爭，由德高望重的人指揮，戰爭就會吉利無害。這裡不僅點出戰爭的性質，並提出了指揮戰爭的統帥品格標準，更將戰爭與政治的關係明確界定。〈彖〉[73]曰：「師，眾也，貞，正也。能以眾正，可以王矣。」其意指：戰爭的性質是正義 ── 「貞」，有廣大人民參與 ── 「眾」，就可以取得戰爭的勝利 ── 可以「王」。〈象〉[74]曰：「地中有水，師，君子以容民畜眾。」由于〈師〉卦是坎下坤上，即水下地上，也就是「地中有水」代表人民平時從事耕種、畜牧，戰時則披甲持刃參戰，軍隊就是由人民組成，明君賢將要有在廣大群眾間積聚武力的能力。

　　綜上所述，從〈師〉卦的卦名、彖辭、象辭是包括了戰爭的

69　漢・毛公傳、鄭元箋、唐・孔穎達等正義《毛詩正義・大雅・常武》：「赫赫明明，王命卿士，南仲大祖，大師皇父。整我六師，……既敬既戒，惠此南國。」p.1901，台北：新文豐公司，2001 年 6 月。

70　林益勝等編著《諸子名著選讀・易經選讀》p.148，台北：國立空中大學，1999 年 8 月。

71　魏・王弼、韓・康伯注、唐・孔穎達等正義《周易正義・泰卦・上六》：「城復于隍，勿用師，自邑告命，貞吝。」p.142，台北：新文豐出版社公司，2001 年 6 月。

72　《周易正義・師卦》p.107。

73　《周易正義・師卦・彖》：「師，眾也，貞，正也。能以眾正，可以王矣。剛中而應，行險而順，以此毒天下，而民從之，吉，又何咎矣！」p.108。

74　《周易正義・師卦・象》p.109。

性質、目的及對戰爭指導者品格的要求，總體而論：由民心向背決定戰爭勝負的觀點，在〈師〉卦中提出，並由后人繼承與發展，而且在商湯滅夏、周武王伐紂及春秋時期的戰爭中得到了印證，若我們從〈師〉卦的其他爻辭中可進一步了解其相關內容，如初六爻辭[75]曰：「師出以律，否臧凶。」依〈象〉[76]曰：「師出以律，失律凶也。」該爻的象辭大意：凡出兵打仗，必須要以法制號令，齊一軍隊的行動，賞罰嚴明，取得戰爭的勝利。晉、楚邲之戰，晉大夫荀首在中軍副帥先縠不聽軍令，擅自行動時，曾引用〈師〉[77]卦預判勝負，其卦辭云：

> 知莊子（荀首）曰：此師殆哉！周易有之，在師☷☵之臨☷☱，曰：師出以律，否臧，凶。執事順成為臧，逆為否。眾散為弱，川雍為澤。有律以如己也，故曰律。

其意指：凡事順其道而行之，以獲得勝利為好，逆其道而行之，導致失敗者為壞，孫武在〈計〉論述「五事」、「七計」時，都提到「法」，並把其當作判斷戰爭勝負的重要條件。在〈行軍〉亦指出：「令之以文，齊之以武，是謂必取。」孫武強調戰時軍律的重要性，也唯有齊一陣法，始可歷強敵而不墜，顯然，《孫子》對軍紀的強調與嚴格的要求，與《周易》間有著淵源可循。

　　從我們對〈師〉卦的剖析中，可以看出西周時，凡興師作戰，必先對選將、征伐、指揮直至戰爭結束皆進行占卜，並總結前人的作戰經驗作為卦辭或爻辭，用以告誡后人，引以為鑑，而〈師〉卦的價值，在于它剖析了戰爭的性質、提供軍隊的組織、紀律及作戰原則等，亦為后人習兵者所遵循。

---

[75]《周易正義・師卦・初六爻》，p.109。
[76]《周易正義・師卦・象》，p.110。
[77]《春秋左傳正義・宣公十二年》

二、〈同人〉卦 ䷌（離下乾上）

〈同人〉[78]卦辭云：

> 同人于野，亨，利涉大川，利君子貞。

〈同人〉：就是聚集民眾的意思，依《說文》[79]云：「同，合會也。」「野」依《爾雅・釋地》[80]云：「邑外謂之郊，郊外謂之牧，牧外謂之野，……。」兩者合謂之：戰前，于郊外把應征服役的人集合起來，在祭祀天地后，將之訓練成軍隊，就可以果敢採取軍事行動，這種軍隊不僅可以順利越過各種地形、障礙，而且還有利於指揮者能完成作戰任務。如初九爻辭[81]曰：「同人于門，無咎。」依《周禮・地官・大司徒》[82]云：「若國有大故，則致萬民于王門，令無節者不行于天下。」大故者謂王崩及寇兵也。其意指：一旦國家遇有危難，為了動員人民共赴國難，將他們聚集王門外進行誓師，激發群眾，同仇敵愾，護土衛民，去消滅來犯之敵。〈同人〉卦的卦辭、爻辭記載了我國古代軍隊動員、軍事訓練等情形，能有系統地闡述古代戰爭具體遂行的作法。

三、〈晉〉卦 ䷢（坤下離上）

〈晉〉[83]卦辭云：

> 康侯用錫馬蕃庶，晝日三接。

武王少弟「丰」，受寵于其兄，曾奉命去攻打它國，一日三傳捷報，俘馬很多，以良馬上獻，因此，康叔丰也得到王所賜給的良

---

78 《周易正義・同人卦》p.148。
79 漢・許慎撰、清・段玉裁注《說文解字・七篇下・㫃部》p.357。
80 晉・郭璞注、宋・邢昺疏《爾雅注疏・釋地第九》p.359，台北：新文豐公司，2001 年 6 月。
81 《周易正義・同人卦・初九爻》p.150。
82 漢・鄭元注、唐・賈公彥疏《周禮注疏・地官・大司徒》p.397，台北：新文豐公司，2001 年 6 月。
83 《周易正義・晉卦》p.304。

馬，于是將良馬進行繁殖，厚植國力。如六三爻辭[84]曰：「眾允，悔亡。」依《說文》[85]云：「允，信也。」這就是說：軍隊的將帥，能充分獲得部屬的信任，指揮起來得心應手，順而勢明，故得其無悔也。

　　另上九爻辭[86]曰：「晉其角，維用伐邑。厲吉，无咎，貞吝。」此爻是說明：所謂進攻，就是與敵人的武力直接較量。進攻敵人的城邑必須慎重考慮，並進行利弊分析，也唯有在理性思考的基礎上，能有足夠的準備去克服困難，才可能獲得勝利。

四、〈屯〉卦 ䷂（震下坎上）

　　九五爻辭[87]曰：「屯其膏，小貞吉，大貞凶。」依《說文》[88]云：「膏，肥也。」也就是指肥肉（或可指爲軍事物資）。如果儲存不用，小規模囤積損失還不大，如果大規模儲存，缺乏防腐就會壞事，因爲軍事物資囤積后而不送往前方，勢無法發揮其功能，軍事物資是從民間各地徵集而來，倘不能妥用，則將民窮財困，自然不是一件好事。而物資豐富，有了儲備，運輸能力配合不上也不行，所以《孫子》強調野戰速決的外線作戰思想，與后勤支援息息相關，〈軍爭〉云：

　　　是故軍無輜重則亡，無糧食則亡，無委積則亡。

自古民以食爲天，軍隊亦然，大軍作戰，倘后勤補給匱乏，則註定要失敗，故孫武亦指出「國之貧于師者遠輸，遠輸則百姓貧」。爲此他提出了「智將務食于敵」「因糧于敵」（〈作戰〉）等解決方法。

---

84 《周易正義・晉卦・六三爻》p.308。
85 《說文解字・八篇下・八部》p.409。
86 《周易正義・晉卦・上九爻》p.311。
87 《周易正義・屯卦・九五爻》p.80。
88 《說文解字・四篇下・肉部》p.171。

　　從軍事的眼光盱衡《周易》，它不僅是一部占卜、哲學書，而且還是現存最早的兵書。它不僅記錄了當時軍事的動態，而且對軍事原則的產生有著脈絡可循，這些，對孫武均有莫大的影響。《孫子》接受《周易》啓發性的觀點，加以發揚光大，則爲理所當然。

貳　老子思想之影響

　　當我們對《孫子》成書淵源進行探討的同時，就不能不考慮春秋時約略同時代的學術流派 —— 老聃的思想及其與《孫子》間的關係，《老子》是我國古代較完整的哲學創作，甚至有人把它當成一部古兵書閱讀並運用，這是因爲它有很多論述，與《孫子》的軍事思想、作戰原則極其相似，甚至如出一轍。

　　在「戰爭觀」上慎戰的態度，《老子・三十一章》[89]云：

　　　　故兵者非君子之器也，不祥之器也，不得已而用之。

爲加深讀者的印象，又提出：「禍莫大于輕敵，輕敵幾喪吾寶。故抗兵相加，哀者勝矣[90]。」充分反映出先秦諸子在面對列國爭併、兵戎不斷、生民塗炭的情景，體現出欲走出困局，亟思解決亂象的悲天憫人胸懷。

　　故〈計〉云：「兵者，國之大事，死生之地，存亡之道，不可不察也。」及「非危不戰」，「亡國不可以復存，死者不可以復

89　魏・王弼注、明・孫鑛評、嚴靈峰編輯《老子道德真經・三十一章》：「夫兵者不祥之器也，物或惡之，故有道者弗處。……故兵者非君子之器也，不祥之器也……。」p.63，台北：成文出版社，1982年10月。

90　魏・王弼注、明・孫鑛評、嚴靈峰編輯《老列莊三子集成補編・老子道德真經・六十九章》：「用兵有言曰：『吾不敢爲主，而爲客；吾不敢進寸，而退尺。……禍莫大于輕敵，……則哀者勝矣。』」p.129-130。

生」[91]，這與老聃的「不得已而用之」兩相對照下，內容不謀而合，是慎戰思想的具體表述，並確立了士氣與戰爭性質、政治與軍事間的關係。孫武把「道」作爲戰爭勝負的主要因素，在闡述戰爭的「五事」、「七計」時，把「道」放在首位，認爲「道」就是戰爭與政治的關系，當國家面臨外患時，在有「道」的君主領導下，戰爭可以獲得全國上下的支持，一心一德、同仇敵愾，「故可以與之死，可以與之生，而不畏危」[92]，從而打敗強敵，取得戰爭的勝利，這與《老子》的內涵是相通的。

在「用兵思想」上，老聃主張：「知人者智，自知者明；勝人者有力，自勝者強[93]。」這與《孫子》中的「知彼知己，百戰不殆」（〈謀攻〉）的認識論觀點是相似的。老聃把「詭道」作爲用兵思想的中心，它強調「以正治國，以奇用兵，以無事取天下」[94]，明確表示治國在于具有富國、富民、強兵的方法；而用兵在于出奇，即要採取多方誤敵，形成對方錯覺，能出敵意表，順利達到殲敵目的，《老子・三十六章》云：

> 將欲歙之，必固張之；將欲弱之，必固強之；將欲去之，
> 必姑舉之；將欲奪之，必固予之。是謂微明。

對「微明」與「詭道」之間的闡述以韓非解釋最爲精要，其在〈喻老〉[95]云：「起事于無形，而要大功于天下，是謂微明。」若要

---

91 《宋本十一家注孫子・火攻》：「非利不動，非得不用，非危不戰。……怒可以復喜，慍可以復悅，亡國不可以復存，死者不可以復生。」
92 《宋本十一家注孫子・計》：「道者，令民與上同意也，故可與之死，可與之生，而不畏危。」
93 《老子道德真經・三十三章》：「知人者智，自知者明；勝人者有力，自勝者強；知足者富，強行者有志；……。」p.66。
94 《老子道德真經・五十七章》p.108。
95 《韓非子集釋・喻老》：「知伯將襲仇由，遺之以廣車。故曰：『將欲取之，必固與之。』起事于無形，而要大功于天下，是謂微明。處小弱而重

成大事，則必反其道而行，必超乎人之所知，出乎人之所料，又云「道常無爲，而無不爲」[96]，如果把它運用在軍事上，這個「道」就是用兵的法則。「無爲」即隱蔽自己的企圖，示敵于假象。「無不爲」則要善于運用策略，尋找敵人的弱點或主動製造我方有機可乘的時空，捕捉戰機予敵猛然打擊，此乃「勝兵先勝」[97]之精義所在，如《左傳·僖公二十八年》晉、楚城濮之戰能將外交因素納入戰略範疇，并開啓「兵者詭道」理論之先河，晉文公采用這種策略攻擊對方，是古代戰爭從「實力制勝」向「謀略制勝」轉變的開始[98]，再一次印證了晉文公「譎而不正」[99]的謀略思想。

　　我們把《孫子》用兵的法則與《老子》兩相比較，不難看出，在這個重要課題上，它們是完全一致的，例如：孫武主張「上兵伐謀」[100]，而且「謀」就是「詭道」。另〈軍爭〉[101]云：「兵以詐立，以利動。」又云：「凡戰者，以正合，以奇勝。故善出奇者，無窮如天地，不竭如江河。」「戰勢不過奇正，奇正之變，不可勝窮也」（〈勢〉），這些論點與《老子》的用兵思想，可謂相符。

　　然而，在對統兵的將帥要求上，老聃提出了獨特見解，如〈六

<hr>

自卑謂損弱勝強也。」p.394。

96　《老子道德真經·三十七章》：「道常無爲，而無不爲。侯王若能守之，萬物將自化。」p.71。

97　《宋本十一家注孫子·形》：「是故勝兵先勝而后求戰，敗兵先戰而后求勝。」

98　中國人民革命軍事博物館編著《中國戰爭發展史·軍制發展兵學成熟的車戰時代 ── 春秋時期》p.76，北京：人民出版社，2001 年 12 月。

99　《論語注疏·憲問》：「子曰：『晉文公譎而不正，齊桓公正而不譎。』」

100　《宋本十一家注孫子·謀攻》：「故上兵伐謀，其次伐交，其次伐兵，其下攻城；……。」

101　《宋本十一家注孫子·軍爭》：「故兵以詐立，以利動，以分合爲變者也。」

十八章〉[102]云：「善爲士者不武，善戰者不怒，善勝敵者不與，善用人者爲之下。……是謂配天，古之極也。」其意指：戰爭的指導者，對敵不能只憑勇敢，除要善于運用謀略外，不可慍而致戰，怒而興師，更要冷靜思考，出奇制勝，始能符合致勝的法則，產生出最佳的對敵策略。

　　而孫武認爲，將帥要具有知、仁、勇等品格，除要善于「伐謀」外，并要以「不戰而屈人之兵」作爲用兵的最高準則，絕非恃勇臨敵的一介武夫，他要求將帥要作到「視卒如嬰兒，故可與之赴深谿；視卒如愛子，故可與之俱死」，這與老聃的觀點是接近的，但由于兵家與道家的淵源不同，縱使兩者內容相似，卻有著基本上的歧異，老聃在〈六十九章〉云：「吾不敢爲主而爲客，不敢進寸而退尺。」及「不敢爲天下先」[103]的后發制人的作戰思想，相對于孫武卻是充滿了「致人而不致于人」的先發制人，以速決、機動爲主的作戰思想等，兩相比較，顯示出兩者間有著共通，卻又存有差異。

參　孔子思想之影響

　　孔子對軍事的看法，長期以來，人們總以《論語‧衛靈公》和《史記‧孔子世家》爲探究之依據：

> 衛靈公問陳于孔子。孔子對曰：俎豆之事，則嘗聞之矣；軍旅之事，未之學矣。[104]

從孔子與衛靈公的問對中，讓后人懷疑他不懂軍事，實際上，這

102　魏‧王弼注、明‧孫鑛評、嚴靈峰編輯《老子道德真經‧六十八章》p.128。

103　老子道德真經‧六十七章》：「我有三寶，持而寶之：一曰慈，二曰儉，三曰不敢爲天下先。……」p.141。

104　《論語注疏‧衛靈公》

應是一種誤解。孔子一生中雖沒有軍事著作，但我們可由其生平、言論中分析；了解到他不僅懂得軍事，更具有「富國強兵」的思想，畢竟春秋時期，作為「六藝」的推行者，在文武不細分的背景下，必有其獨特的見解。

　　孔子曾提到：「志于道，據以德，依于仁，游于藝。[105]」這裡的「藝」指的是「六藝」。所謂「游于藝」，就是把「六藝」之教用于陶冶身心，相同的，他也會用「六藝」來教導自己的弟子，如以「書」「數」之文化教育作為基礎，開設「禮」「樂」「射」「御」等實用課程，把政治、思想、品德與軍事教育結合，使受業者具備「文武合一」「術德兼備」的內涵。例如孔子所提倡的「禮」：它所涵蓋的範圍很廣，即古之所謂「吉、凶、賓、軍、嘉」等五禮，大至于政治、軍事、經濟、外交折衝，小則衣冠穿著、家中陳設等幾無所不包。「禮」字在《論語》中出現 74 次之多，足見其重要性，試以六藝中之「禮」說明其間的關係：

　　「禮」在軍事上的作用，見諸《周禮・夏官・大司馬》[106]云：「掌建邦國之九灋，以佐王平邦國；……以九伐之灋正邦國；……。」所規定就是軍事事務，如軍隊編成，武器編裝、人員職掌、部隊訓練等，大司馬就是最高的軍事武官；此外〈地官・大司徒〉[107]云：「掌建邦之土地之圖，與其人民之數，以佐王安擾邦國。」其職責就是軍隊物資之儲存與供應；另〈多官・考工

105　《論語注疏・述而》
106　漢・鄭元注、唐・賈公彥疏《周禮注疏・夏官・大司馬》：「掌建邦國之九灋，以佐王平邦國；……制軍詰禁，以糾邦國；……外內亂，鳥獸行，則滅之。」p.1217，台北：新文豐出版公司，2001 年 6 月。
107　《周禮注疏・地官・大司徒》：「掌建邦之土地之圖，與其人民之數，……。以天下土地之圖，周知九州之地域，廣輪之數，辨其山林、川澤、丘陵、墳衍、原隰之名物。……。」p.395。

記〉[108]所提之職責如：「國有六職，百工與居一焉。或坐而論道，或作而行之，或審曲面埶，以飾五材，以辨民器，或通四方之珍異以資之，……。」主要是負責軍隊裝備所須的製作與保養，所謂學「禮」自然就涵蓋了《周禮》所規定的內容及實踐。

「禮」對于治軍、用兵關係十分重要。所謂「知禮之軍必勝，無禮之兵必敗」，如晉、楚城濮之戰，因楚軍主帥「無禮」，如《左傳·僖公二十七年》[109]云：「子玉剛而無禮，不可以治民，過三百乘，其不能以入矣。」年幼的蒍賈以子玉治兵，終日而畢，竟「鞭七人」「貫三人耳」等粗暴行為，預言其必敗：晉終以劣勢之兵打敗優勢的楚軍，主帥子玉被迫自殺；相對而言，晉文公以禮教其民「民聽不惑而后用之」[110]相較之下，勝負立判，晉一戰而霸天下，其來有自。又如秦、晉殽之戰，秦師過周天子北門，左右免冑而下，超乘者三百乘，年幼的王孫滿目睹秦軍的「無禮」，即判定「秦師輕而無禮，必敗」[111]，事實証明王孫滿的斷言正確。

我們試由孔子的言論，探索其思想淵源之所在，藉以驗證出屬于同時代《孫子》軍事思想之精義：

一、仁義戰爭觀的影響

孔子主張「道之以德，齊之以禮，有恥且格」[112]，即以「仁

108　《周禮注疏·多官·考工記》：「國有六職，百工與居一焉。……，爍金以為刃，凝土以為器，作車以行陸，作舟以行水，……。」p.1671。

109　《春秋左傳正義·僖公二十六年》：「楚子將圍宋，使子文治兵于睽，終朝而畢，不戮一人。子玉復治兵于蒍，終日而畢，……。」

110　《春秋左傳正義·僖公二十七年》：「晉侯始入而教其民，……子犯曰：『民未知禮，未生其共。』于是乎大蒐以示之禮，作執秩以正其官。民聽不惑而后用之。……。」

111　《春秋左傳正義·僖公三十三年》：「王孫滿尚幼，觀之，言于王曰：『秦師輕而無禮，必敗。輕則寡謀，無禮則脫。入險而脫，又不能謀，能無敗乎？』」

112　《論語注疏·為政》：「子曰：『道之以政，齊之以刑，民免而無恥，道

義、禮樂」爲治事之本，在進行戰爭時必須遵循著「禮樂征伐自天子出」的「非禮勿動」[113]的原則，依此而行，謂之天下有道；如果「禮樂征伐自諸侯出」[114]那就成爲無道之世。從孫武與吳王闔廬的問對中可看出其端倪，《孫子·吳問》[115]云：

> 六將軍分守晉國之地，孰先亡？孰固成？孫子曰：范、中行是（氏）先亡。趙是（氏）制田，……，公無稅焉。公家貧，其置士少，……，以御富民，故曰固國。晉國歸焉。吳王曰：善。王者之道，□□厚愛其民者也。

孫武所指：「厚愛其民」，方得民心，已爲明君賢將所奉行；而孔子以「仁義」爲本的戰爭觀，在當時亦爲時人所接受的觀點。兩者的戰爭觀有共同性亦有區別，就共同性而言：兩者皆以民心之依歸作爲戰爭勝負的主因，例如孔子認爲「仁者必有勇」[116]、「仁者不憂」[117]引申至孟子所提「仁者無敵」[118]的一貫思想；而孫武則提出「道者，令民與上同意也，故可與之死，可以與之生，而不畏危」（〈計〉），二者雖不同，但其內涵是一致的。孔子提倡「法先王」[119]以維護周之禮樂、仁政之際，而孫武強調「兵

之以德，齊之以禮，有恥且格。』」

113　《論語注疏·顏淵》：「子曰：『非禮勿視，非禮勿聽，非禮勿言，非禮勿動。』……」

114　《論語注疏·季氏》：「孔子曰：『天下有道，則禮樂征伐自天子出；天下無道，則禮樂征伐自諸侯出。』」

115　李興斌、楊玲注譯《銀雀山漢墓竹簡校本·孫子兵法新譯·吳問》p.78。

116　《論語注疏·憲問》：「子曰：『有德者必有言，有言者不必有德。仁者必有勇，勇者不必有仁。』」

117　《論語注疏·憲問》：「子曰：『君子道者三，我無能焉：仁者不憂，知者不惑，勇者不懼。』」

118　《孟子注疏·梁惠王上》：「孟子對曰：『地方百里而可以王。王如施仁政于民，省刑罰，……？故曰：『仁者無敵。』王請勿疑。」

119　《孟子注疏·離婁上》：「孟子曰：『……，今有仁心仁聞，而民不被其澤，不可法于后者，不行先王之道也。故曰：徒善不足以爲政，徒法不足

者，詭道也」「兵以詐立」，更提出「非利不動，非得不用」[120]
的用兵原則。就戰場實務：孫武的主張顯然比孔子所謂「非禮勿
動」靈活得多，具有鮮明的時代需求。

二、受慎戰思想的影響

孔子提出「足食、足兵、民信之矣」[121]，又云：「善人教民
七年，亦可以即戎矣[122]。」「以不教民戰，是謂棄之」，可見他
認為戰爭是建立在充分的準備及訓練，而且必須「教民以戰」，
讓人民瞭解為何而戰，如何去戰，也唯有與民同樂，才能得到群
眾的支持，增強戰勝的決心，另孔子亦懷有「居安思危」的理念，
這是他慎戰思想的具體反映，《易‧繫辭下》云：

> 子曰：危者、安其位者也。亡者、保其存者也。亂者、有
> 其治者。是故君子安而不忘危，存而不忘亡，治而不忘亂，
> 是以身安而國家可保也。

而孫武用兵的理念也是慎戰，他深知戰爭本身的毀滅性，因而明
確地提出：「兵者，國之大事，死生之地，存亡之道，不可不察
也。」並以嚴肅的態度指出：「主不可以怒而興師，將不可以慍
而致戰。」因為急躁孤行，則「亡國不可以復存，死者不可以復
生，明君慎之，良將警之，此安國全軍之道也」（〈火攻〉），
由此可看出孫武與孔子的慎戰觀點是一致的。同時，兩人不約而
同強調了士卒訓練、紀律的「先訓后戰」重要性，必須符合「令

以自行。……。』」
[120] 《宋本十一家注孫子‧火攻》：「故曰：『明主慮之，良將修之。非利不
動，非得不用，非危不戰。』……。」
[121] 《論語注疏‧顏淵》：「子貢問政。子曰：『足食、足兵、民信之矣。』
子貢曰：『必不得已而去，于三者何先？』……。」
[122] 《論語注疏‧子路》

之以文、齊之以武」[123]的標準，始能「勝兵先勝」[124]立于不敗之地。

三、領導者品格的影響

凡欲治國、領軍者，均應知道所任用之人的品德風格、道德素養。春秋時期，對參與治國、領軍的人，不僅要求文武兼備，更要求須具有良好的素養及品格，身爲偉大的教育、思想家的孔子，瞭解其關係，並曾大力提倡，《禮記·中庸》[125]云：

> 好學近乎知，力行近乎仁，知恥近乎勇。知斯三者，則知
> 所以脩身；知所以脩身，則知所以治人；知所以治人，則
> 知所以治天下國家矣。……。

上例《中庸》所言：即孔子所謂「修身、治國、平天下」，在〈子罕〉[126]云：「知者不惑，仁者不憂，勇者不懼。」孔子認爲「智、仁、勇」是屬于倫理範疇，是時代所認同爲人處事的道理，也是治國、領軍者所須具備的優良品格，與孫武在〈計〉云：「將者，智、信、仁、勇、嚴也。」的內涵相似，祇是孫武所說的爲將——「五德」，并不受儒家所倡導的「仁」和「禮」所束縛，純以「利」爲考量前提，這是先秦「儒家」與「兵家」在思想上的基本差異。

四、不迷信鬼神的影響

在西周敬天保民思潮的影響下，思想家雖未能明確否定鬼

123　《宋本十一家注孫子·行軍》：「故令之以文，齊之以武，是謂必取。令素行以教其民，則民服，令不素行以教其民，則民不服。……。」
124　《宋本十一家注孫子·形》：「是故勝兵先勝而后求戰，敗兵先戰而后求勝。……。」
125　漢·鄭元注、唐·孔穎達等正義《禮記注疏·中庸第三十一》p.2219，台北：新文豐出版公司，2001年6月。
126　《論語注疏·子罕》p.211

神、天命的思想，但他們從實際過程驗證出鬼神、天命論對治國安邦戰爭勝負是不可靠的，而最可靠的力量：是多數默默承擔著國家稅賦、兵役的庶民，《左傳·莊公三十二年》云：

> 神居莘六月，虢公使祝應、宗區、史嚚享焉。神賜之土田。
> 史嚚曰：「虢其亡乎！吾聞之：國將興，聽于民；將亡，
> 聽于神。神，聰明正直而壹者也，依人而行。……？

顯示，為政者將國家的基礎，建立在人民身上，而不迷信鬼神，這可由史嚚的談話，看出一二，如《左傳·桓公六年》[127]云：「夫民，神之主也，是以聖王先成民而后致力于神。」足證這種先民后神的觀點，在當時是有一定的影響力。

　　從孔子的言論中，可觀出他是不迷信鬼神的，在《論語·述而》云：「子不語怪、力、亂、神。」所以季路在問事鬼神時，孔子以「未能事人，焉能事鬼」[128]，在樊遲問知中，孔子又提到：「敬鬼神而遠之，可謂知矣[129]。」由孔子與弟子的對談中，他對事人重于事鬼神的態度是明確而務實。然孫武在〈計〉云：「天者，陰陽、寒暑、時制也。」這與孔子的論點相似。然在〈用間〉云：「先知者，不可取于鬼神，不可象于事，不可驗于度，必取于人，知敵之情者也。」顯示兩者皆不信占卜、鬼神。孫武甚至更明確的提出「知彼知己，勝乃不殆；知天知地，勝乃不窮」[130]、「不

---

127 《春秋左傳正義·桓公六年》：「少師歸，請追楚師。隨侯將許之。季梁止之，曰：『天方授楚，楚之嬴，其誘我也。君何急焉？……』對曰：『夫民，神之主也，是以聖王先成民而后致力于神。……』」。

128 《論語注疏·先進》：「季路問事鬼神。子曰：『未能事人，焉能事鬼？』『敢問死？』曰：『未知生，焉知死？』」

129 《論語注疏·雍也》：「樊遲問知。子曰：『務民之義，敬鬼神而遠之，可謂知矣。』問仁。曰：『仁者先難而后獲，可謂仁矣。』」

130 《宋本十一家注孫子·地形》：「故知兵者，動而不迷，舉而不窮。故曰：知彼知己，勝乃不殆；知天知地，勝乃不窮。」

知諸侯之謀者，不能預交」[131]的「五知」與孔子所提的「知之爲知之，不知爲不知，是知也」[132]，兩者皆以實事求是的態度去面對無知、客觀的事物，摒棄天命、鬼神的問卜，唯有如此才能立于不敗之地。

綜上所述，單從軍事專著或能有系統的實踐軍事論述言；孔子勢無法與孫武相比，但從兩者成長的背景、所處的環境，孔子在建構「富國強兵」的基礎上，有其獨特的見解。我們從《周易》、《禮記》、《論語》、《左傳》、《國語》、《史記》等文獻可證：孔子不僅在教學中，與弟子間有著軍事領域的精闢論述；而且在擔任魯國大司寇和代行相事時參與的軍事行動等，顯示他是一個文武兼備的人才，雖然兩人對軍事的論述有著不同的見解，彼此卻又有著相互影響的客觀事實。

肆　古齊尚實剛健文化之影響

孫武成長在齊國而主要活動于吳、楚地區，人們在研究《孫子》時，常會產生的疑問：爲什麼《孫子》不產生在中原，長期爭霸的晉、楚兩大強國，卻產生于東方的齊國呢？爲什麼孫武不在齊國大顯身手，卻在吳國大展其談兵、用兵的才能呢？齊、楚文化、甚至吳文化對其思想發展的影響？要找出謎底，則必須先從齊文化的起源探究起：

齊始建于西周初期，是一個歷史悠久的東方大國，依《國語·周語下》[133]云：

131　《宋本十一家注孫子·九地》：「是故不知諸侯之謀者，不能預交。不知山林、險阻、沮澤之形者，不能行軍。……。」

132　《論語注疏·爲政》：「子曰：『由，誨女知之乎。知之爲知之，不知爲不知，是知也。』」

133　《國語·周語下·太子晉諫靈王壅穀水》p.104。

> 共之從孫四嶽佐之。高高下下，濬川導滯，鍾水豐物封崇
> 九山……。皇天嘉之，祚以天下，賜姓曰姒，氏曰有夏，
> 謂其能嘉祉富生物也。祚四嶽國，命以侯伯，賜姓曰姜，
> 氏曰有呂，……。

又據《史記・齊太公世家》云：

> 太公望呂尚者，東海上人。其先祖嘗為四嶽，佐禹平水甚
> 有功。虞夏之際封於呂，或封于申，姓姜氏。夏商之時，
> 申、呂或封枝庶子孫，或為庶人，尚其后苗裔也。本姓姜
> 氏，從其封姓，故曰呂尚。

以上記載：說明姜氏是炎帝從孫四嶽的后代，到了周文王時，呂
尚被尊為「師尚父」，輔佐文王（姬昌）完成滅殷的準備，而后
又輔助武王（姬發）討滅商紂，武王滅商后，封呂尚于營邱，命
之為東方侯伯掌有征伐大權，《左傳・僖公四年》云：

> 昔召康公命我先君大公曰：五侯九伯，女實征之，以夾輔
> 周室。賜我先君履，東至于海，西至于河，南至于穆陵，
> 北至于無棣。

可見周天子給于齊國專征的範圍廣闊，卻也意味著：武王伐紂，
未竟全功，散居各地殷人結合異族，時有反撲，遂有「周公東征」
之舉，齊作為周王室東方的軍事重鎮，除有護衛政權穩定外，更
肩負著開疆闢土，安撫流民的使命[134]，藉由歷史推演，我們可以
歸納出齊文化的特色，進而正確分析《孫子》成書的原因，其相
關文化特點，如：

一、禮法并用、不拘形式

　　周初分封時，齊與魯國相較，屬于比較落後的。呂尚出于政

---

[134] 勞思光《新編中國哲學史・論中國古文化傳統之形成・殷周民族之關係及
其興盛》p.61，台北：三民書局，2002 年 10 月。

局穩定、安輯流民之需，並未按《周禮》的制度之推行，完全「因其俗，簡其禮」[135]，體現出不拘泥禮教的風格。因此，《漢書·地理志》[136]云：「初大公治齊，修道術，尊賢智，賞有功。」相較之下，魯國則深受《周禮》的影響，在治國上「以法則周公，用即命于周。是使之職事于魯，以昭周公之明德」（《左傳·定公四年》），殷、周傳統文化之延續，使魯國產生孔子這樣以傳播「禮教」爲己任的儒學大師。儒學的發展，是將「禮教」的功用推向極致，如「不義而富且貴，于我如浮雲」[137]這是孔子乃至于后世尊崇道統之儒者作人的總則，也是魯文化尚禮義的明證。

　　而管仲卻有著務實的作法：如「倉廩實，而知禮節；衣食足，則知榮辱」[138]，他把民眾最基本的基礎放在比禮更重要的位置，齊文化最大的特點在于：它既不像魯文化過于夸大禮教的功用，也不像秦、晉文化漠視禮的教化作用，而是采取「禮法並用」的務實態度，就現代眼光而言：乃理性與人文精神並重。這個精神在孫武論「將」時，提出「智、信、仁、勇、嚴」的標準，將「仁」置于中間，而非首位，可以說是受齊文化影響的必然結果。

二、實事求是、追根究柢

　　齊國無論在治國抑或練兵，都是注重實效。呂尚受封之際，周公姬旦曾請益治國之術，呂尚簡潔明確的提出：「尚賢而上功。」

135　日·瀧川龜太郎《史記會注考證·齊太公世家》：「太公至國，修政，因其俗，簡其禮，通商工之業，便魚鹽之利，……。」
136　《漢書·地理志下》：「初大公治齊，修道術，尊賢智，賞有功。故至今，其土多好經術，矜功名，舒緩闊達而足智，其失夸奢朋黨，言與行繆虛詐不情，……。」p.422。
137　《論語注疏·述而》：「子曰：『飯疏食，飲水，曲肱而枕之，樂亦在其中矣。不義而富且貴，于我如浮雲。』」
138　《管子今註今譯·牧民》p.1。

139這顯然是從務實的角度著眼,與恪守《周禮》繁文的魯文化,形成強烈的對比,對立國精神有著強烈的影響。齊文化重視實效,乃社會工商業發達下必然的結果。而重視實效:在學術思想上,就是實事求是、追根究底精神的發揚;在軍事上,齊桓公首霸時,在戰場上幾未嘗兵戎相征,大部採兵勢相迫,以達不戰而威的「務實」作法;在經濟生產上,能制策以通漁鹽之利、冶鐵煉金、塑陶興農等。而孫武思想中言利而不言義,強調用兵作戰要「合于利而動,不合于利而止」140,這正是齊文化重視實效,其在兵學範疇中的體現。

具體而言,孫武所謂「利」絕不是滿足個人或少數人的私利,而是利國利民的「公利」。曾有人誤解:孫武是強調「利合于主」141,乃是為滿足國君的私利。其實,孫武所期望的是能夠與民「同意」的賢明君主,在這個前提下:國家、國君、民眾的利益是一致的。通觀《孫子》諸篇,孫武始終將國家的利益放在最高位置上。基于此,要以「非利不動,非得不用,非危不戰」,以此達到「安國全軍之道」142。孫武從國家的利益出發,要求領兵之將要能「進不求名,退不避罪」,明確的點出國家利益與個人榮辱的關係,而其本人亦信守「無智名,無勇功」143之原則。

---

139 《漢書‧地理志下》:「昔大公始封,周公問何以治齊,大公曰:『舉賢而上功。』……。」p.422。
140 《宋本十一家注孫子‧火攻》:「合于利而動,不合于利而止。怒可以復喜,亡國不可以復存。」
141 《宋本十一家注孫子‧地形》:「故進不求名,退不避罪,唯人是保,而利合于主,國之寶也。」
142 《宋本十一家注孫子‧火攻》:「故明君慎之,良將警之,此安國全軍之道也。」
143 《宋本十一家注孫子‧形》:「故善戰者之勝也,無智名,無勇功。」

三、思想多元、兼容並蓄

呂尙治齊,發展經濟的措施就是「通商工之業,便魚鹽之利」(〈齊太公世家〉),這是齊國得以富國強兵的重要依據,由于濱臨海洋優越的地理位置,使齊藉「漁鹽之利」帶動商業與手工業的發展,而這有別于中原的經濟形式,也使其具備了工商文化、積極進取的內涵,其特點:易于接受新事物、新觀念,能兼容博采,融合諸家所長。春秋時期齊國著名思想家,如管仲、晏嬰等人,都明顯地表現出思想的多元化,如春秋、戰國時期,齊國設立稷下學宮,匯集天下學者,議論時政,開放學術之風氣,甚至吸引孟子、荀子至齊作客,儼然成爲當時百家爭鳴的中心,爲中國文化史上的盛事,就是這個特性下之產物。

而《孫子》一書之所以能成爲「百世兵經」,就在于它總結了春秋以前的兵學成果,同時又擷取諸子學派思想的精華,這與齊文化的開放特性息息相關:如《孫子》全書,充滿齊文化「積極進取、注重實用」的理性態度,卻又包含南方文化特別是吳、楚文化的陰柔辯證的特色[144]。孫武將「道」列爲〈計〉中五事之首,他從政治的角度切入軍事問題,則是受儒家思想的影響;在「令之以文,齊之以武」的治軍觀上,強調「施無法之賞,懸無政之令」[145]的思想,則明顯受法家思想的影響;至于《孫子》一書充滿樸素辯證法思想,似很難與老子學說劃清界限。所以孫武所繼承的應不止是他之前的軍事經驗,應該還有其他學術上的成果,適足以印證其書乃齊文化開放下必然產物。

---

144 趙海軍《孫子學通論·孫子學歷史淵源·齊文化與吳、楚文化的影響》p.25,北京:國防大學出版社,2006 年 6 月。

145 《宋本十一家注孫子·九地》:「施無法之賞,懸無政之令,犯三軍之眾,若使一人。」

四、兵家淵源、論兵講武

　　齊開國始祖呂尙，是一位傑出的軍事家。史稱「天下三分，其二歸周者，太公之謀計居多」，又說「遷九鼎，脩周政，與天下更始。師尙父謀居多」[146]，證明了他不僅是一位傑出的軍事家，更是卓越的戰場經營者。在文王翦商、武王滅商興周的過程中，扮演著「運籌帷幄」的軍師；更在他的精心治理下，奠定了齊爲東方軍事大國等，故〈齊太公世家〉云：「后世之言兵及周之陰權皆太公爲本謀。」則確立其在「兵家」的崇高地位。齊國的兵學傳統一直延續至戰國時期，其間出現了齊桓公、管仲、司馬穰苴、孫武、孫臏……等著名的軍事家，先后出現了《孫子兵法》、《司馬法》、《孫臏兵法》、《六韜》等兵法名著，也因具體實用，占了先秦累代傳世兵書大半以上。

　　孫武生于齊地，固屬于兵學悠久傳統的大邦，值得我們注意；他成長于兵學世家，其祖田書因伐莒，有功賜姓孫，食采于樂安。而略早于孫武的名將穰苴亦系出田氏家族，如《史記‧司馬穰苴列傳》云：

> 司馬穰苴者，田完之苗裔也。齊景公時，晉伐阿、甄，而燕侵河上。齊師敗績。景公患之。晏嬰乃薦田穰苴曰：穰苴雖田氏孽，然其人文能附眾、武能威敵，願君試之。景公召穰苴與語兵事、大小說之，以為將軍。將兵扞燕、晉之師。……士卒次舍，井竈飲食、問疾醫藥，身自附循之，悉取將軍之資糧享士卒，身與士卒平分糧食，最比其嬴弱者。……晉師聞之，為罷去。燕師聞之，度水而解。

　　因被齊景公尊爲大司馬，后人稱之爲司馬穰苴。穰苴不僅以

146　日‧瀧川龜太郎《史記會注考證‧齊太公世家》

戰功彪炳、執法嚴明而著稱，而且在軍事理論上也頗有建樹，齊
威王時，使大夫追論古者司馬兵法而穰苴于其中，因號曰司馬穰
苴兵法，遂形成了后來的《司馬法》。由于齊國悠久的兵學傳統
及軍事世家的家學淵源，對于孫武的成長和《孫子》的成書具有
不可輕忽的影響。

伍　吳楚權謀靜柔文化之影響

　　孫武是在青年時由齊入吳，曾隱居于民間，伺機求進，后與
楚亡臣，同爲傑出軍事家的伍員相交，並獲推荐參贊征楚戎機，
據合理推測：孫武與伍員交往中，似應領會到楚國軍事文化的精
蘊；又藉戰場上實兵印證，故能掌握晉之聯吳制楚軍事交流下，
所形成的軍制、戰具之蛻變。儘管《孫子》成書于闔廬三年
（B.C.512）晉見吳王之前，其思想體系雖以齊文化爲主，唯從今
本《孫子》觀之，則明顯有著后學思想摻入的痕跡，如〈虛實〉
云：「越人之兵雖多，亦奚益于勝敗哉？」又如〈九地〉[147]云：
「夫吳人與越人相惡也。」等句，顯然是在孫武拜將后增修內容；
又如〈火攻〉云：「夫戰勝攻取，而不修其功者凶，命曰費留。」
等句，則似乎針對吳軍破楚入郢后，不修德政導致失敗教訓之省
思。這明白的告訴我們，今本《孫子》乃是在孫武晉見吳王所陳
「十三篇」的基礎上，經過累代修改增潤而成。同理可證：隨其
入吳，對楚兵學的深層認識后，必然將所見、所思內化于其兵法
著述中，而吳、楚文化的特色概分如次：

---

[147]　《宋本十一家注孫子・九地》：「夫吳人與越人相惡也，當其同舟而濟，
　　遇風，其相救也如左右手。」

一、權謀變詐、擺脫禮教

春秋前，文化型態是以周王室爲重心，向四方輻射。周人雖興起于西陲，然其文化是建立于殷商的基礎上，發揚光大。故西周的禮樂文明，乃當時文化發展的中心，與中原各國相較下，吳、楚地區一直處于落后位置。直至春秋時期，這些地區的經濟才有所發展，但文化仍呈現落后狀態，意味著受周文化的洗禮較少，易于擺脫禮教、宗法束縛，反能創造出新興文化。如吳、楚雞父之戰中，吳不拘陳規，徹底擯棄周禮制度的晦日用兵不吉[148]，即爲著名戰例。雖然春秋以后，中原列國曾對舊有的軍禮作過不等程度的批判，如司馬子魚對宋襄公死守舊禮的指責，《左傳·僖公二十二年》云：

> 君未知戰。勍敵之人，隘而不列，天贊我也；阻而鼓之，不亦可乎？猶有懼焉。且今之勍者，皆吾敵也。雖及胡耈，獲而取之，何有于二毛？明恥、教戰，求殺敵也。傷未及死？如何勿重？若愛重傷，則如勿傷；愛其二毛，則如服焉。三軍以利用也，金鼓以聲氣也，利而用之，阻隘可也；聲盛致志，鼓儳可也。

宋、楚泓水之戰中，宋襄公的指揮，雖然違反已知的若干作戰原則，如「見可而進，知難而退，兼弱攻昧」、「因利而制敵」、「因敵而制勝」、「攻其無備，出其不意」、「兵不厭詐」等，然「正而不譎」[149]依然是當時軍事的主流，詭詐之道僅能潛而行之，卻不能明而用之，否則便會遭到輿論的非議，如晉、楚城濮

---

[148] 《春秋左傳正義·昭公二十三年》：「戊辰晦，戰于雞父，吳子以罪人三千，先犯胡、沈與陳。」

[149] 《論語注疏·憲問》：「子曰：『晉文公譎而不正，齊桓公正而不譎。』」

之戰，晉文公採「退三舍避之」[150]策略，形成楚軍上下離德，軍心不齊，各自爲政，兵勢由「理直」轉變成「理曲」；就算用兵具「譎」之實，亦飾以「正」之外表，以博普世之令譽。《孫子》提出「兵以詐立」[151]、「上智爲間」[152]等超時代的思想命題，並將「詭道十二法」[153]明確書于竹簡，顯與吳楚文化的影響有著直接的關連。

二、清靜無為、剛柔相濟

老聃是楚文化的重要代表，這個文化的起源明顯帶有地域色彩，起因于南方潮濕多雨的氣候，崎嶇山地和湍急水流交織下的地形特點。思學家對水的思考，有著超乎常人的見解。老聃從中體認提出：「柔弱勝剛強」[154]的思想，而同爲楚國人的范蠡與越王勾踐在應對中，有著具體描述，《國語·越語》[155]云：

　　　從時者，猶救火、追亡人也，蹶而趨之，唯恐弗及。

范蠡從柔弱的立場，衡量戰爭，借鏡道家的剛柔相濟思想，演化出「持久防禦、后發制人」的思想，並將其活用于兵學理論上，但也僅限于戰略思想上，至于具體的作戰原則，他同樣主張速戰速決[156]。老聃在論述其「清靜無爲」的政治立場和「柔弱勝剛強」

---

150 《春秋左傳正義·僖公二十八年》：「子犯曰：『師直爲壯，曲爲老，豈在久乎？微楚之惠不及此？退三舍避之，所以報也。』……。」

151 《宋本十一家注孫子·軍爭》：「故兵以詐王，以利動，以分合爲變者也。」

152 《宋本十一家注孫子·用間》：「故惟明君賢將，能以上智爲間者，必成大功，此兵之要，三軍之所恃而動也。」

153 《宋本十一家注孫子·計》：「兵者，詭道也。故能而示之不能，用而示之不用，近而示之遠，遠而示之近。利而誘之，亂而取之，實而備之，強而避之，怒而撓之，……。」

154 魏·王弼注、明·孫鑛評、嚴靈峰編輯《老子道德真經·三十六章》：「柔弱勝剛強。魚不可脫于淵，國之利器，不可以示人。」p.70。

155 《國語·越語下·越興師伐吳而弗與戰》p.652。

156 趙海軍《孫子學通論·孫子學的歷史淵源》p.21。

的兵學理論時，不斷以水設喻，進而論證其間相生相克之道。而孫武在論述力量的積聚時，也同樣地以「積水漂石」設喻，這不是偶然的，而是受文化影響的結果。

　　當然，《孫子》一書體現出齊文化剛健進取的一面，但吳、楚文化的崇尚靜柔的影響亦是不容忽視。從學術角度分析：《孫子》一書剛柔並濟的特色，正是南北兵學影響交融所鑄。孫武重視戰爭力量的建設，但絕不崇尚暴力，因而提出「不戰而屈人之兵」的用兵理念，主張以最小的代價贏得戰爭的勝利。就總體而言：《孫子》一書其內容能系統分明而少偏頗，主要在剛健進取的齊文化與崇尚靜柔的吳、楚文化影響下，南、北兵學鎔匯的完美結果。

第四節　「兵經」的立學淵源 ——
認識運籌、樸素辯證

　　作戰思想，亦稱作戰求勝之道，是古代兵家對戰爭指導的理性認識，它源于古代戰爭的結晶，卻又扮演著對現行戰爭遂行具有指導的作用。作戰思想是軍事理論的匯集，在先秦軍事文獻上有著多面向的稱謂：如「計」、「用兵之法」、「兵道」、「制勝之道」等。而我國古代軍事思想的特點在于它的思辨性：即詳于理而略于用。《孫子》書中所反映的作戰思想，主要的核心是「認識論」和「辯證法」思想，對其軍事論點的形成有著很大的影響。

　　春秋時期，由于周王室的衰微，社會激烈的動盪，在兼併爭霸的影響下，社會階層有了新的分化組合，原本「學在官府」的

文化壟斷被打破，這便是史書上所說的「學術下移」[157]，對此，孔子曾感慨地在《左傳・昭公十七年》云：

　　吾聞之，天子失官，學在四夷，猶信。

隨著學術的下移，聚徒講學之風日盛，私人著作也開始問世，一個特殊的階層 ──「士」的出現，能推波助瀾，促使學術更為繁榮，其結果，導致了中國古代「認識論」和「辯證法」等哲學思想的成熟。在軍事上，明君、賢將在面對激烈變動的環境，對外有著爭霸、攻伐的壓力；對內有著整軍經武、富國強兵的需求，唯有能審時度勢，擺脫「禮法」、「天命」的束縛，才能歸納出戰爭的規律，採取因敵、因地、因時的制宜作法，這種藉「認識論」、「辯證法」等哲學方法作為指導的作戰思想，往往能出敵意表，達到克敵制勝的目的。

　　春秋時期可供探討的戰例很多，以鄭莊公所使用的思想為例：在國內戰爭中，莊公驅逐其弟共叔段，消除了「一國二君」之患，統一鄭國，莊公根據共叔段的缺失，採取了「欲將取之，必先與之；欲將滅之，必將興之；欲將廢之，必先強之」的策略，能「因敵」制宜，運用謀略而順利地達成戰爭的目的；在對外戰爭中，莊公廢除西周以來「堂堂之陣」的呆板陣法，采取了出奇制勝的作戰思想，取得了一系列戰爭的勝利，近人楊晨光〈試論「魚麗之陣」〉[158]云：

　　如〈桓公五年〉周、鄭繻葛之戰（B.C707），鄭莊公改西周正三角形布陣為倒三角形布陣即「魚麗之陣」，其特點為「先偏后伍，伍承彌縫」即是前有偏（二十五輛兵車），

---

[157] 趙海軍《孫子學通論・孫子學歷史淵源・學術下移與思想解放》p.12
[158] 參考楊晨光〈試論「魚麗之陣」〉，《軍事史評論》第八期，台北：國防部史政編譯室，2001 年 10 月。

后有伍（五人為伍），伍之作用在于填補戰車的間隙。從
而使兵車與隨伴步兵協同作戰，有利于戰場兵力轉向，故
能增強對敵薄弱部分的突擊，達到避強擊弱的效果。鄭國
的策略係以一軍之力面對周王諸侯聯軍的優勢兵力時，無
法使用未陣而薄的偷襲戰術，就只能擺設「魚麗之陣」以
求中央突破；周王聯軍的策略係以優勢兵力，採取兩翼包
抄的戰術以求迅速獲勝。顯然這是一場典型的中央突破對
兩翼包圍的以少勝多戰術，因鄭方左右兩拒的疑兵之計，
使周王聯軍的左右兩翼未對戰即崩潰，鄭方三面攻擊周王
中軍，大獲全勝。

莊公一戰小霸，也成爲改變西周傳統陣法的第一個戰例。

從「周、鄭繻葛之戰」、「齊、魯長勺之戰」、「宋、楚泓
水之戰」、「晉、楚城濮之戰」、「秦、晉崤之戰」、「晉、楚
邲之戰」、「齊、晉鞍之戰」、「晉、楚鄢陵之戰」等戰例，都
是《孫子》成書之前極具參考價值的史料[159]。它已向我們提示：
隨著時代的演進，在新的歷史環境下，戰爭的發展與用兵思想必
也隨之改變。在小國寡民的時代，倘無法適應新形勢，注定是要
亡國。《孫子》總結前人的戰爭經驗和教訓，汲取進步的致勝規
則，內化成新的軍事思想，而其所以能反映出戰爭的客觀規律，
有效地運用于戰場，歷千年而不衰，主要是它具有著勤觀察即處
理的「認識論」及重實踐求真知的「辯證論」哲學思想使然。

壹　勤觀察即處理之認識論

春秋末期，在上古時期中，曾長時間支配社會的天命思想受

---

[159] 賈若瑜《孫子探源·附錄一·春秋時期十個戰例》p.376。

到質疑與挑戰。中國的天命思想是以「占卜」為主要形式，占卜的理論基礎是「天人感應」，即認為在自然之外，存在一種超自然、鬼神的力量，決定著世間的一切，天與人之間是互相感應的，而占卜是以「斷難決疑」的形式出現，太史公在《史記·龜策列傳》云：

> 自古聖王將建國受命，興動事業，何嘗不寶卜筮以助善！……，自三代之興，各據禎祥。塗山之兆從而夏啟世，飛燕之卜順故殷興，百穀之筮吉故周王。王者決定諸疑，參以卜筮，斷以蓍龜，不易之道也。

可見占卜的結果在古人的心目中所佔的地位。據統計，在〈天官書〉共記載星占例計 321 款，其中涉及用兵者有 142 款[160]，如「車星角若益眾，及不具，無處車馬」[161]，可見在春秋時期，以占卜決定征伐之事屢見不鮮，如公元前 635 年，晉文公在狐偃的勸告下，是否出兵支持周天子時，「使卜偃卜之」，結果是「吉」；接著，又令卜偃「筮之」，得到了〈大有〉 ䷍ 和〈睽〉 ䷥ 兩卦，仍是「吉」[162]，于是決定出兵，可見連賢明的晉文公，仍必須藉著「占卜」手段來凝聚人心佐周，亦不能自行決定出兵否。

由于社會、學術繁榮的局面，伴隨天文、曆法的進步與運用[163]，

---

160 趙海軍《孫子學通論·學術下移與思想解放 —— 天道的反動與戰鬥的無神論》p.15。

161 日·瀧川龜太郎《史記會注考證·天官書》：「軫為車，主風。其旁有一小星，曰長沙星，星不欲明；明與四星等，若五星入軫中，兵大起。軫南眾星曰天庫樓；庫有五車。……。

162 《春秋左傳正義·僖公二十五年》：「使卜偃卜之，曰：『吉。遇黃帝戰于阪泉之兆。』公曰：『吾不堪也。』對曰：『周禮未改，今之王，古之帝也。』公曰：『筮之！』筮之，遇〈大有〉䷍之〈睽〉䷥，曰：『吉。……』」

163 顧德融、朱順龍《春秋史·春秋時代科學技術的進步·天文學的成就》：「春秋時初步確立我國天文學獨立體系。……，建立起了以二十八宿為代表的星象座標體系；……，確立了陰陽合曆的制曆規則。在對天體運行規

有助于人們對自然界的認識，能突破鬼神的制約，逐步認識到天命的不可靠性，因此，所謂禍福、吉凶在人而不在天。如孔子在《論語·述而》云：「子不語怪、力、亂、神。」這已說明了天命思想在春秋末期已受思想家們的挑戰，《左傳·昭公二十六年》云：

> 齊有彗星，齊侯使禳之。晏子曰：無益也，祇取誣焉。天道不謟，不貳其命，若之何禳之？且天之有彗也，以除穢也。君無穢德，又何禳焉？若德之穢，禳之何損？

晏子反對舉行祭禱消災，認為彗星天象與君德不相干，實際上已含有對「天人感應」思想的質疑。而在軍事領域上亦出現類似情形，《尉繚子·天官》云：

> 楚將公子心與齊人戰，時有彗星出，柄在齊。柄所在勝，不可擊。公子心曰：彗星何知？以彗鬥者，固倒而勝焉。明日與齊戰，大破之。

楚將公子心在作戰前面對彗星不祥之兆時，採取了近似輕視的態度，除具穩定軍心外，並能出敵意表，大勝齊軍。這很清楚的告訴我們：戰爭的勝負主要取決于將帥的睿智和士卒的用命，這實際否定了天命的作用，「先人后神」的思想因應而生。

孫武在〈計〉云：「天者，陰陽、寒暑、時制也。」在此處的「天」：乃自然的天，而非主宰命運的天。而其又于〈虛實〉云：「四時無常位，日有短長，月有死生[164]。」其所提的是：日

則所進行的觀察中，出現了關于宇宙起源、結構和演化的一些理論學說，……。（三）曆法：取得了「四分曆」為代表的陰陽合曆的重大進步，包括回歸年長度的確定，每月日數的分配，大、小月的安排，節氣的排布，調和節氣的閏月插置等。」p.435-438。

164 《宋本十一家注孫子·虛實》：「故五行無常勝，四時無常位，日有短長，月有死生。」

的短長，月的圓缺，四時的運行，這是人們所能感受到自然現象，這種藉由自然現象的感受，客觀地看待事物的本質，已直探勤觀察即處理的「認識論」本心。此外孫武還將「禁祥去疑」[165]列爲用兵原則之一，把禁止占卜迷信，祛除士卒疑慮，視爲鞏固軍隊士氣的要方，〈用間〉云：

> 先知者不可取于鬼神，不可象于事，不可驗于度，必取于人，知敵之情者也。

其大意指：求神問卜或是推測天象星辰，判定吉凶禍福，都是靠不住的，必須向了解敵情的人索取情報，才能探知敵人真正的意圖，以作出合理的對策。所以，孫武提出「五知」[166]——「知彼知己」、「知天知地」、「知諸侯」足證其用兵思想是確實建立在掌握客觀之基礎上，一切能從戰場實際出發，力求主、客觀一致，而不把戰爭的勝利寄託在鬼神的庇佑或主觀臆測與直線推理，這種重視客觀、務實的「認識論」，在當時時空背景下有其卓越之處。

　　孫武在先哲客觀的認知基礎上，體認到「天命」之不可恃，摒棄「占卜決策」而朝向「經驗決策」[167]。他在「五知」的完備基礎上，進行對敵我間各項因素分析，藉集思廣義進行「廟算」決策，綜合對比勝負預判；這意味當時的思潮，以「經驗判斷」爲主的重實踐求真知的思想正萌芽中，已逐漸取代「神道」、「天命」論思想，而主導了哲學、政治、社會、軍事的潮流。

　　如近人陳學凱于其所著《制勝韜略》一書，研究《孫子兵法》

165　《宋本十一家注孫子・九地》：「是故其兵不修而戒，不求而得，不約而親，不令而信，禁祥去疑，至死無所之。……。」
166　賈若瑜《孫子探源・孫子作戰思想的依據・先進哲學思想的指導》p.271。
167　趙海軍《孫子學通論・孫子學歷史淵源・學術下移與思想解放》p.17。

的哲學體系，曾提到：「從孫子所處時代的角度來看，他對認識論的貢獻是巨大的，它的思想價值不僅在 2500 年前是實用的，即使在現代，他的認識思想及認識方法都是不可替代的。特別是知彼知己、避實擊虛的戰爭知行觀，更是對戰爭制勝規律的高度抽象與概括，這也正是孫子韜略及思想常盛不衰的源泉所在。」陳氏立論中肯，認為《孫子》的認識論對中國知行學說史作出獨特貢獻等，因其詮釋清晰易懂，實有參考之價值[168]。

貳　重實踐求真知之辯證論

　　兵學是一門激烈對抗的學問，其內涵充滿了對立與競爭，它所揭示的豐富且深化的哲學思想，遠超出軍事領域所須，並扮演著人生的指南。而軍事哲學最實用的部份，是它激發人們創造智慧的潛力，更可以舉一反三，觸類旁通，在面對兼併戰爭時，具有著可行的方法與融通的成效，而軍事辯證法的形成，就是在對立與戰爭不斷衝突下的必然產物[169]。而要追溯辯證法的起源，則必須從中國古代哲學的最高範疇 ──「道」上探源，究竟「道」的本質是什麼？《易‧繫辭上》云：

　　　　一陰一陽之謂道，繼之者善也，成之者性也。

「道」之意指：事物皆包含著既對立又統一的性質，整個世界的形成，便是陰、陽兩極相互依存又互為轉變之結果。在「易有太極，是生兩儀；兩儀生四象，四象生八卦；八卦定吉凶，吉凶生大業」[170]上，建構出一幅特有的宇宙生成圖，陰陽之道成為中國

---

[168] 參見龔留柱《武學聖典 ── 孫子兵法與中國文化‧餘論：兵書不止言兵》p.273，開封：河南大學出版社，1997 年 6 月。

[169] 任繼愈《中國哲學史‧孫子兵法與孫臏兵法的辯證法思想‧孫子兵法產生的歷史條件》p.128，北京：人民出版社，1996 年 4 月。

[170] 《周易正義‧繫辭上》p.592。

古代辯證思想的起源。

依《說文》云：「陰，闇也，水之南，山之北也。陽，高明也[171]。」其意指：陰本指物體背面而言，陽本指物體向日而言。經過了哲學家的詮釋，陰陽遂從具體形象的描述，提昇至形而上的意象表達，成爲構成萬物的哲學範疇。這個變化的過程，《老子・四十二章》云：

> 道生一，一生二，二生三，三生萬物。萬物負陰而抱陽；沖氣以為和。

在老聃的學說中，顯然陰陽已具備哲學的意義。因此在春秋的典籍中記載了許多既對立又統一的命題，《老子・第二章》云：

> 故有無相生，難易相成，長短相形，高下相傾，音聲相和，前后相隨。……萬物作焉而不辭，生而不有，為而不恃，功成而弗居。夫唯不居，是以不去。

類似的命題，還有如「剛柔並濟、奇正相生」等，辯證思想最重要的特點：是看到事物本身所蘊含既對立又統一的矛盾現象，同時這種現象不是靜止不變的，而是具發展、可變的[172]。近人李澤厚解釋其間的關係，用字簡樸，切合大意，如《中國古代思想史論・孫老韓合說》[173]云：

> 古兵家在戰爭中所採取的思維方式不只是單純經驗的歸納或單純觀念的演譯，而是以明確的主體活動和利害為目的，要求在周密具體、不動情感的觀察、了解現實的基礎上，盡快舍棄許多次要的東西，避開繁瑣的細部規定，突

171　《說文解字・十四篇下・阜部》p.738。
172　賈若瑜《孫子探源・孫子作戰思想的依據・先進哲學思想的指導》p.277。
173　李澤厚《中國古代思想史論・孫老韓合說》p.74-75，天津：天津社會科學院出版社，2003 年 5 月。

　　　　出而集中、迅速而明確地發現和抓住事物的要害所在；從
　　　　而在具體注意繁雜多現象的同時，卻要求以一種概括性的
　　　　二分法即抓住矛盾的思維方式來明確、迅速、直截了當地
　　　　去分別事物、把握整體、以便作出抉擇。

李氏指出所謂概括性二分法思維的方式：就是運用對立項的矛盾
形式概括出事物的特性，便于迅速掌握事物的本質。如前所述，
春秋時期是辯證法思想的重要發展階段，彼時思想紛起，諸子能
暢所欲言，建書立論，建構出先秦文化史上輝煌的一頁。類似事
物運動變化的相關命題，如老聃的「反者道之動；弱者道之用」
174、「禍兮福之所倚，福兮禍之所伏」175，史墨的「物生有兩、……
社稷無常奉，君臣無常位，自古以然。……」（《左傳・昭公三
十二年》），上列事例揭示出：事物的對立面是各自蘊含著相反
的因素，能相互循環往復與彼此間轉化是辯證論思想的基本特性。

　　《老子》其書是中國最早、最完備的辯證思想體系，如〈五
十五章〉云：「物壯則老，是謂不道，不道早已。」任何剛強的
事物都蘊含著衰敗乃至于滅亡的契機，反而處于柔弱、卑下的一
方真正擁有強大的力量。老聃不但認識到對應轉化的規律，而且
體會出雙方若處于不平衡的狀態，會有一方在事物轉化中居于主
動地位；並進一步指出，處于柔弱、卑下的一方總是居于主導地
位，因而發展出：以貴柔、守雌，以退爲進的「柔弱勝剛強」思
想體系。

　　通觀《孫子》論兵、用兵思想中，則充分地反映出辯證思想
的特質，並指出戰爭中具有對立又統一的現象：如敵我、眾寡、
強弱、輕重、攻守、虛實、奇正、先后、勞逸、飢飽、利害、勇

174　魏・王弼注、明・孫鑛評、嚴靈峰編輯《老子道德真經・第四十章》p.79。
175　《老子道德真經・第五十八章》p.111。

怯、治亂、動靜、勝敗、專分、迂直、遠近、險易、廣狹、高低、
深淺、陰陽、寒暑等。孫武認爲，在一定時空客觀的基礎上，還
要充分發揮人的主動精神，才能爭取勝利，這就是「勝可爲」。
其措施是運用各項方法挑動敵人，〈虛實〉云：

> 微乎微乎，至于無形；神乎神乎，至于無聲；故能爲敵之
> 司命。

上例指：「無形」是祕匿我之兵力部署及攻擊目標，「無聲」是
隱蔽我軍部隊行動，使之無法發現我方作戰企圖，即能步步採取
主動，處處支配敵人，近人馮友蘭《中國哲學史新編》[176]云：

> 這樣，就克服了戰爭問題上的機械論和消極等待、無所作
> 爲的思想，把客觀條件和主觀能動性結合起來。這就充分
> 表現了孫吳兵法中的辯證法思想。

再以「奇正」爲例：孫武善用「譬喻」、「夸飾」等修辭技巧，
舉例生動，將辯證理論溶入用兵精髓，並能具體闡釋，名實相符，
〈勢〉云：

> 凡戰者，以正合，以奇勝。故善出奇者，無窮如天地，不
> 竭如江河。終而復始，日月是也。死而復生，四時是也。
> 聲不過五，五聲之變，不可勝聽也。色不過五，五色之變，
> 不可勝觀也。味不過五，五味之變，不可勝嘗也。戰勢不
> 過奇正，奇正之變，不可勝窮也。奇正相生，如循環之無
> 端，孰能窮之？
>
> ………………………
>
> 亂生于治，怯生于勇，弱生于強。治亂，數也；勇怯，勢
> 也；強弱，形也。

---

176 馮永蘭《中國哲學史新編·春秋末期軍事思想和經濟思想中的唯物主義和
　　辯証法》p.206，台北：藍燈文化公司，1991 年 12 月。

孫武歸納出在戰爭中取得勝利的原則，但並不是死的公式，他強
調，原則必須依據具體的情況，靈活運用，藉使奇、正用兵間產
生相互轉化。可是，隨著敵形變化，正兵也可以為奇，奇兵也可
以為正，此乃一方面認識原則，一方面又要靈活運用原則，這是
靈活性與原則性間辯證關係的知行體現，李澤厚在分析《孫子》
思想中辯證內涵時提到：

> 正因為這種矛盾思維方式是來源于、產生于軍事經驗中，
> 而不是來源或產生于論辯、語言中所發現的概念矛盾，所
> 以它們本身也就與世俗生活一直保持著具體內容的現實
> 關係，具有極大的經驗豐富性。像《孫子兵法》裏舉出的
> 那許多矛盾的對立項，就是非常具體的和多樣化的。與生
> 活經驗緊密相連，它們是生活鬥爭的經驗性的概括，……
> 177 。

綜上所言：《孫子》思想是以現實利害為依據，反對以情感或傳
統習慣來影響理智的判斷，所以能發展出重謀略，行詭道的用兵
理念，其間固然受益于先賢的哲學思想啟迪，然孫武能綜合前代
兵家大成，體悟實踐的力行觀，遂而發展出勤觀察即處理的「認
識論」與重實踐求真知的「辯證論」，其間一脈相傳，卻能點化
成金，大展中國古代兵法之光芒，直至今日，猶受其被。

177　李澤厚《中國古代思想史論‧孫老韓合說‧兵家辯證法特色》p.74。

第三章　《孫子》用兵藝術之探究

　　一部人類的歷史，儼然就是一部戰爭史。不僅人類如此，宇宙萬物在「適者生存」之各種競逐中，亦演化出一部進化史。克勞塞維茲《戰爭論》[1]就戰爭本質的命題云：「戰爭不外以其他手段，保持其政治的繼續。」，所以戰爭是政治手段，它並不是野蠻的衝動，而是文明下的產物，所以戰爭之遂行，則必須注重藝術化之講求。

　　古文「藝」字，有多種解釋。如《尙書·酒誥》[2]云：「其藝黍稷。」又如《孟子·滕文公》[3]云：「樹藝五穀。」《荀子·王制》[4]云：「養六畜，閑樹藝。」這些「藝」字，有「種植」之意。其次，《論語·雍也》[5]云：「求也藝。」《史記·儒林列傳》[6]云：

1　克勞塞維茲（Carl Von Clausewitz）《戰爭論·論戰爭本質·爲何戰爭》（On War）p.27，龍潭：陸軍總司令部，1980 年元月。

2　《尙書正義·酒誥》：「妹土嗣爾股肱，其藝黍稷，奔走事厥考厥長，肇事牽牛，……。」

3　《孟子注疏·滕文公》：「后稷教民稼穡，樹藝五穀，五穀熟而民人育。人之有道也，飽食煖衣，逸居而無教，則近于禽獸。……」。

4　清·謝墉、盧文弨集解《荀子集解·王制》：「順州里，定廛宅，養六畜，閑樹藝，勸教化，趨孝弟，以時順修，……。」p.68，台北：新興書局，1959 年 12 月。

5　《論語注疏·雍也》：「季康子問：『仲由可使從政也與？』……曰：『求也可使從政也與？』曰：『求也藝，于從政乎何有？』」台北：宏業書局，1994 年 9 月。

6　日·瀧川龜太郎《史記會注考證·儒林列傳》：「一歲皆輒試，能通一藝以

「能通一藝以上。」則謂「才能或技術」之意，可見我國古代所謂「藝」，除了有「種植」之意外，大都指「技術」或「才能」；即便是六藝：「禮、樂、射、御、書、數」也與才藝或技術有關。對於「藝術」一語的詮譯，凌嵩郎《藝術概論》[7]云：

> 為了進一步闡明這個概念，我們最好將其分為廣義與狹義二者來說明：
>
> 一、廣義的：凡是含有技術與思慮的活動及其制作，皆謂之「藝術」。
>
> 二、狹義的：凡是含有審美的價值，根據美的原則，或吻合美的原則之活動及其活動的產物，而能表現出創作者的思想及情感，並予接觸者以美的感受者，謂之「藝術」。

從上例對「藝術」之廣狹兩義綜而言之：舉凡製作器物、罐子、衣服、雕像，大至設計船艦、調度軍隊等，所有這些工作所需要的技術，皆可謂之「藝術」。

　　然兵法是歷代軍事家作戰經驗的總結，乃無數軍人血汗的結晶，作為軍事理論，它對戰爭的發展具有預見性和指導性。因此，歷史上著名的軍事家才能夠獨具慧眼，在紛亂之中把握戰機，在帷幄之間決勝千里。縱觀歷史，凡在軍事領域有所成就的人，沒有一個不是熟讀兵法戰策的。但是兵法在戰場上發揮神威的時代畢竟過去，如果人類行將登陸火星的今天，仍墨守昔日兵法中所立戰陣，那顯然是迂腐的，但是兵法中所錘煉出的戰爭規律是古今通用，具時代思想指導和作戰藝術的結晶，迄今仍歷久彌新，故引申之：兵法的活用，就是戰爭藝術化的體現。

上，補文學掌故缺；其高弟可以為郎中者，……。」

[7] 凌嵩郎等著《藝術概論‧緒論》p.7，台北：國立空中大學，1996 年元月。

　　《老子》[8]云：「夫佳兵者不祥之器也。」自古以來，大家都認爲戰爭是殘酷野蠻的，因此，欲言戰爭之美感，則必具深厚的戰爭體驗與素養者，始能闡明其精義，茲摘錄古今中外兵家對戰爭藝術化之看法，希求箇中奧妙，如克勞塞維茲《戰爭論》[9]云：

　　　　戰爭與其他技術的差異，其焦點在意志作用的對象不同。戰
　　　　爭中意志作用的對象，並不是機械技術般的死物，而爲有生
　　　　命的活物。也不是常居被動，乃是動而不知其所以然的藝
　　　　術，人類的精神與感情，常常是這種既有生命，又有反應的
　　　　事物。

　　又如約米尼（Antoine Henri Jomini）在《戰爭藝術》（The Art of War）[10]云：

　　　　戰爭的藝術，一般說來，包括五種純粹軍事方面的學問——
　　　　戰略學、大戰術學、后勤、工程學、小戰術學。另外還有第
　　　　六種學問，而爲一般人所不認識者，似乎可以叫做外交與戰
　　　　爭的關係。

　　誠如明兵家揭暄《揭暄兵經・威》[11]云：

　　　　若夫善用兵者，運夫天下之所不及覺。

8　魏・王弼注、明・孫鑛評、嚴靈峰編輯《老列莊三子集成補編・老子道德
　　真經・三十一章》：「夫佳兵者不祥之器也，物或惡之，故有道者弗處。……
　　故兵者非君子之器也，不祥之器也……。」p.63，台北：成文出版社，1982
　　年 10 月。
9　克勞塞維茲（Carl Von Clausewitz）《戰爭論・第一冊・兵術或兵學・戰爭
　　與其他機械學上的技術之差別》（On War）p.151，龍潭：陸軍總司令部，
　　1980 年元月。
10　約米尼（Antoine Henri Jomini）著、紐先鍾譯《戰爭藝術・定義》（THE　ART
　　OF　WAR）p.21，台北：麥田文化公司，1996 年 8 月。
11　轉引自潘光建〈明・揭暄兵經語譯註評・下卷・衍部「志、威、繇、自、
　　如」五字〉《陸軍學術月刊》第 334 期，龍潭：陸軍總司令部，1994 年 4
　　月。

制夫天下之所不敢動。

戰夫天下之所不敢守。

扼夫天下之所不得衝。

奔夫天下之所不可支。

離夫天下之所不復聚。

上例所提：幾可以說距戰爭藝術化的意境相去不遠，然最能體會
表達出戰爭藝術化精義與奧秘的莫不過於《孫子·勢》[12]云：

色不過五，五色之變，不可勝觀也。味不過五，五味之變，
不可勝嘗也。戰勢不過奇正，奇正之變，不可勝窮也。奇正
相生，如循環之無端，孰能窮之？

這段話實際道盡中外兵家對戰爭藝術化的看法，由於戰爭對兵法
的印證：則可以引申出戰爭藝術化乃是科學化更進步、更純熟的
結果，如《國軍軍事思想·用兵思想》[13]云：

戰爭不僅要其科學化，更要求其藝術化，戰爭藝術化乃是科
學化更進步、更純熟的結果。……。例如戰爭中一切因素，
無論人、地、物、時，尤其敵情的變化，都要加以組織運用，
密切配合，不使其有一人一物的浪費與錯誤，這才叫「戰爭
藝術化」。最成功的戰爭，就是完美的藝術創作。

上例意指：假使我們要想贏得一場戰爭的勝利和成功，並非僅具
戰爭影像中獨自活動表現的結果，而必須憑藉著戰略計畫的作為
和戰術行動的指導，運用智慧與心力、意志與精神、勇氣與才能，
共同融會貫通，才能研創出戰爭藝術。因此，研究戰爭的藝術作

12　魏·曹操等注《宋本十一家注孫子·勢》：「凡戰者，以正合，以奇勝。
　　故善出奇者，無窮如天地，不竭如江河……，色不過五，五色之變，不可
　　勝觀也。……？」香港：華寶齋書社，2002 年 6 月。
13　《國軍軍事思想·用兵思想·戰爭藝術化》p.209，台北：國防部，1978 年
　　4 月。

為，切不可忽略戰略、戰術藝術之作為的重要性，否則戰爭只是戰爭，根本毫無戰爭藝術可言。

從軍事發展的歷史看，中國的軍事思想，至春秋末期，已歷經三個不同階段：在神權政治的夏、商，崇拜鬼神迷信天命，一切軍事行動都在天命影響下進行的，基本上是「天命之兵」的階段；到了貴族政治的西周，開始重視人的作用，並有了戰爭理論的萌芽，但又強調「禮治」，講究軍禮，要求「不重傷，不擒二毛，不推人于險，不迫人于危」[14]等，基本上是「仁義之兵」的階段；到了春秋初期，王室衰微，宗法制度開始動搖，大國為爭取盟主地位、控制諸侯，逐漸實施武力威懾戰略，這種從解決諸侯間利益衝突的有限戰爭，朝向關係國家興衰存亡的兼併戰爭發展。

人們在戰爭的價值觀上，開始摻入了功利主義的成份。對於敵人，不再受禮、義、仁、信之束縛，只要能戰而勝之，一切詭詐手段都可以使用；如城濮之戰中，雙方皆採取了欺騙手段，其過程由「武力制勝」發展為「謀略制勝」，從此就步入「詭詐之兵」的階段[15]。而將此一思想提昇至理論，並具體說明了武力本質特徵者，則是由孫武總其成，大開后世兵家之先河。中國古典戰爭理論在此基礎上，日趨成熟，足見《孫子》對於戰爭藝術有著指導的意義，時至今日仍具借鑒的作用，以下謹就《孫子》兵法藝術之內容探討分析如后：

---

14 清・王先慎集解、陳奇猷校注《韓非子集釋・外儲說左上》p.658，台北：河洛圖書出版社，1974 年 3 月。
15 中國人民革命軍事博物館編著《中國戰爭發展史・中外戰爭理論之經典── 孫子兵法》p.83，北京：人民出版社，2001 年 12 月。

第一節　「廟算」的思想 —— 先知運籌

　　「廟算」是基于全面分析國家之間政治、經濟以及戰爭諸因素基礎上，戰略決策的高度概括[16]。從本質上論：在戰前制定克敵制勝的方略。如曹操《孫子注》[17]云：

　　　　計者，選將、量敵、度地、料卒、遠近、險易，計於廟堂也。

《孫子》這一戰略思想不僅已被證明是取勝的先決條件，而且對后世軍事家產生了重要影響，成爲中國傳統兵學的基本觀點。故「廟算」的思想是一種先知而運籌的軍事思想，故〈計〉[18]云：

　　　　未戰而廟算勝者，得算多也；未戰而廟算不勝者，得算少也。

由上可知，所謂「廟算」，實關係國家興亡的大事，是《孫子》謀劃戰爭的前提和基礎，它有著幾項特點：

壹　遇戰先計、政出廟算

　　「遇戰先計」是戰爭體系中最高層次的作爲，是國家戰略指導的重要原則。《孫子》從開篇論〈計〉，作爲十三篇之首，確立了「遇戰先計」在戰爭體系中的優先地位，如《尉繚子·勒卒令》[19]云：

16　秦彥士《諸子學與先秦社會·從陰陽家至縱橫家·兵家思想及其學術價值》p.106，石家莊：河北人民出版社，2003年1月。

17　《宋本十一家注孫子·計》

18　《宋本十一家注孫子·計》：「夫未戰而廟算勝者，得算多也；未戰而廟算不勝者，得算少也。多算勝，少算不勝，而況于無算乎？」

19　陽明先生手批《武經七書·尉繚子·勒卒令》：「夫蚤決先定。若計不先定，慮不蚤決，則進退不定，疑生自敗。」p.387，台北：三軍大學景印，1976年6月。

若計不先定，慮不蚤決，則進退不定，疑生自敗。

孫武清楚地體認到：戰爭是多元因素綜合的產物，戰略運籌必須計算主要因素間的利弊，依此作出正確的決策，所以針對「遇戰先計」，他有二項看法：

一、經事而校計

其意指：針對敵我雙方各種客觀條件的計算。所謂「五」就是「道、天、地、將、法」，曹操稱之為「五事」[20]。「計」是「五事」的具體實現，即「主孰有道？將孰有能？天地孰得？法令孰行？兵眾孰強？士卒孰練？賞罰孰明」，曹操稱之為「七計」[21]，事實上，「五事」與「七計」在語法上是「互文見義」，內容泛指：決定戰爭勝負的幾個因素。

二、因利而制權

「權」字，依《說文》[22]云：「權，黃華木，從木，……一曰反常。」引申為「權變」，足見「權」就是因敵制勝、靈活用兵的謀略。然「因利而制權」就是計算出敵我雙方客觀條件的利弊后，主動的按「趨利避害」的原則，選擇至當方案，藉以形成對敵有利之態勢。在此一原則指導下，孫武列舉了「詭道十二法」，在〈計〉[23]云：「能而示之不能，用而示之不用，近而示之遠，遠而示之近。利而誘之，亂而取之，實而備之，強而避之，怒而撓之，卑而驕之，佚而勞之，親而離之。」這十二法言簡意賅，

20　《宋本十一家注孫子・計》：「故經之以五事，校之以計，而索其情：……」，「計利以聽，乃為之勢，以佐其外；勢者，因利而制權也。」

21　《宋本十一家注孫子・計》

22　漢・許慎撰、清・段玉裁注《說文解字・六篇上・木部》p.248，台北：洪葉文化公司，2001 年 10 月。

23　《宋本十一家注孫子・計》：「兵者，詭道也。故能而示之不能，用而示之不用，……。攻其無備，出其不意。此兵家之勝，不可先傳也。」

然卻是春秋時期以前戰爭之結晶，例如「強而避之」：晉、楚城濮之戰，晉軍主動「退三舍」[24]，后發制人，一戰成霸，就是充分體現了「強而避之」靈活取勝的生動戰例。詭道十二法的目的：「攻其無備，出其不意[25]。」其要旨在于能集中兵力，攻虛擊弱，這也是《孫子》中追求最大戰爭效益的主要途徑。

貳　系統為重、整體運籌

　　無論對客觀物質條件的分析或對主觀指導的規劃，孫武十分講究系統方法。從總體上說，他吸收了西周時期兵學之重宏觀的整體思維，並把戰爭視作一個多元因素組成的大系統，並能有系統地分析戰略、戰術問題，進而提出一系列確合作戰規則的戰陣之道、謀攻之法，無怪乎，不少當代學者稱孫武為「系統論」的鼻祖。

　　孫武的「系統論」主要運用在「廟算」中，首先是整體運籌的方法，「整體性」是「系統論」中最核心的原則：整個系統的功能，是各子系統有機組合的結果，若結構合理，系統功能將大大超過各子系統之和[26]。分析《孫子》的廟算理論：其視戰爭是一個大系統，下設若干子系統，子系統下又各分次子系統，構成一個層次清晰的系統網絡；例如：他分析戰爭，主要從制勝因素、戰略原則、作戰方法等子系統入門；其中「制勝因素」又分為「道、

24　晉・杜預注、唐・孔穎達正義《春秋左傳正義・僖公二十八年》：「子犯曰：『師直為壯，曲為老，豈在久乎？……，若其不還，君退臣犯，曲在彼矣』退三舍。楚眾欲止，子玉不可。」台北：新文豐出版公司，2001 年 6 月。

25　《宋本十一家注孫子・計》：「攻其無備，出其不意。此兵家之勝，不可先傳也。」

26　張文儒《中國兵學文化・孫子兵法精粹・全與破》p.42，北京：北京大學出版社，2000 年 1 月。

天、地、將、法」五個次子系統；這五個次子系統又各有子系統，如「將」可用「智、信、仁、勇、嚴」五個標準分析；經過層層排列，綜合計算，將可得到最佳的決策。

而「定量分析」是系統分析、整體運籌的基礎，《孫子》十三篇，多次使用「計」、「算」、「校」、「稱」、「分」、「數」等數學概念，對複雜的戰爭領域進行定量分析，可從以下二方面說明：

一、量化分析、預判勝負

孫武主張戰前必須對戰爭結局進行預測，通過對敵我雙方政治、軍事、天時、地利等客觀條件的「量化分析」來預測勝負[27]，如〈形〉云：「兵法：一曰度，二曰量，三曰數，四曰稱，五曰勝。」然「稱」，就是對「度、量、數」的權衡，而「地生度，度生量，量生數，數生稱」的過程，就是一個量化分析的過程，而「稱生勝」則是這個量化分析的必然結果。

二、層次分析、優化決策

在系統方法中，透過層次分析法來優化選擇方案[28]。從《孫子》中可以約略看出運用這個方法的雛形[29]：如它在〈謀攻〉中為確定「國家戰略」模式時，通過「全國為上，破國次之；全軍為上，破軍次之；……；全伍為上，破伍次之」的優化對比，得出「百戰百勝，非善之善者也；不戰而屈人之兵，善之善者也」

---

27 薛國安《孫子兵法與戰爭論比較研究·明劃深圖的廟算論·廟算的主要方法》p.13，北京：軍事科學出版社，2003 年 1 月。

28 張文儒《中國兵學文化·孫子兵法與中國兵學文化·全的方法》：「按照系統科學原理，在認識某一事物時，不僅應全面考察，防止顧此失彼的片面性，而且還應在權衡各種方案的基礎上進行優化選擇。」p.44。

29 王厚卿《中國軍事思想論綱·奴隸制向封建制過渡時期的軍事思想·謀深計遠的全勝之策》p.199，北京：國防大學出版社，2000 年 12 月。

的結論；它在確定「軍事戰略」目標時，通過「上兵伐謀，其次伐交，其次伐兵，其下攻城」的優化對比，得出「兵不頓，而利可全，此謀攻之法也」的結論；它在確定「戰術決策」實施時，通過「用兵之法，十則圍之，五則攻之，倍則分之，敵則能戰之，少則能逃之，不若則能避之」的優化對比，得出「踐墨隨敵，以決戰事」[30]的結論。

參　知先謀定、審慎決策

知先謀定，審慎決策，是戰略運籌的重要原則，可分為「知勝」、「利勝」、「先勝」等原則：

一、知勝的原則

「知勝」是對敵我雙方實施利弊分析，作出正確判斷，預見戰爭勝負的思維過程，是建立在「預測」的基礎上。如〈形〉云：「立于不敗之地，而不失敵之敗也[31]。」因此「知勝」是進行戰略運籌的重要步驟，需要具備綜覽全局的視野和駕馭形勢的能力。

戰爭是敵我雙方依據道、天、地、將、法等客觀條件所進行的競爭和對抗，它所需要的訊息數量和質量遠超過了其他領域，缺乏訊息或訊息不足，決策便無從談起。《孫子》在建構戰略理論的基本架構時，開卷論「計」，終卷言「間」，以〈計〉和〈間〉始終全書，很清楚向人們預示了「先知」在其戰略決策時所應扮演的角色。

30　《宋本十一家注孫子‧九地》：「先其所愛，微與之期。踐墨隨敵，以決戰事。」
31　《宋本十一家注孫子‧形》：「故善戰者，立于不敗之地，而不失敵之敗也。是故勝兵先勝而后求戰，……。」

二、利勝的原則

「利勝」是以「功利」作為對戰爭行為進行可行性之論證，在現代決策理論中，往往以承擔風險大小來衡量其可行性，而古代兵家則從「功利」出發，把「利勝」作為衡量決策的標志，如〈火攻〉[32]云：「非利不動。」明確把國家根本利益作為軍事行動的最高準則，以「利勝」作為權衡決策標準時，有下列數項具體內容：

（一）必勝或未勝

戰道：是從戰爭的客觀規律中，引證出戰爭發展的必然趨勢，是實施戰略決策的依據。孫武認為，是「必戰」還是「無戰」的決策不能取決于國君的主觀意願，而是應該順應戰爭形勢的發展。客觀從戰爭情況看，倘是「必勝」的趨勢，即使「主曰無戰，必戰可也」[33]。

（二）全勝或破勝

戰略決策：就其本質而言，是一種「優化」的選擇，「全勝」正好驗證此一優化決策的結果。孫武認為「全勝」的策略能體現戰爭的根本目的，如〈謀攻〉[34]云：「兵不頓，而利可全。」是達到「自保而全勝」[35]的最佳途徑；「全勝」的策略更能體現「以利動之」[36]的國家利益觀，是實現「安國全軍」[37]的理想選擇。

32　《宋本十一家注孫子・火攻》：「非利不動，非得不用，非危不戰。主不可以怒而興師，將不可以慍而致戰。」
33　《宋本十一家注孫子・地形》：「故戰道必勝，主曰無戰，必戰可也；……，唯人是保，而利合于主，國之寶也。」
34　《宋本十一家注孫子・謀攻》：「必以全爭于天下，故兵不頓，而利可全，此謀攻之法也。」
35　《宋本十一家注孫子・形》：「善攻者，動于九天之上；故能自保而全勝。」
36　《宋本十一家注孫子・勢》：「故善動敵者，形之，敵必從之；予之，敵必取之；以利動之，以卒待之。」

（三）速勝或久勝

從戰略角度看：一場戰爭若不能速勝，在經濟上會造成「國用不足」[38]、「內虛于家」的不利形勢；在軍事上會造成「勝久則鈍兵挫銳，攻城則力屈」；在政治上會形成「諸侯乘其弊而起，雖有智者，不能善其后矣」。

三、先勝的原則

「先勝」就是創造致勝的條件，使自己立于不敗之地，然后尋機勝敵，如〈形〉[39]云：「先爲不可勝，以待敵之可勝。」孫武主張創造立于不敗之地的條件后，始能達到「自保而全勝」之目的；「先爲不可勝」是軍事上爭取勝利的重要前提，必先達到「勝兵先勝而后求戰」[40]之目的。而「先勝」的主要原則：

（一）有所備

即把戰略決策建立在戰前的充分準備基礎上，如《左傳‧隱公五年》[41]云：「不備不虞，不可以師。」其指，若不防備、不警戒，就不能統兵作戰，此乃鄭國所以敗燕師於北制之理。

（二）有所恃

即把戰略決策建立在「戰則必勝」的基礎上，如〈九變〉[42]云：

37　《宋本十一家注孫子‧火攻》：「故明君慎之，良將警之，此安國全軍之道也。」

38　《宋本十一家注孫子‧作戰》：「其用戰也，勝久則鈍兵挫銳，攻城則力屈，久暴師則國用不足。夫鈍兵、挫銳、屈力、殫貨，則諸侯乘其弊而起，雖有智者，不能善其后矣。……力屈、財殫，中原內虛于家，……。」

39　《宋本十一家注孫子‧形》：「昔之善戰者，先爲不可勝，以待敵之可勝；不可勝在己，可勝在敵。」

40　《宋本十一家注孫子‧形》：「是故勝兵先勝而后求戰，……。善用兵者，修道而保法，故能爲勝敗之政。」

41　《春秋左傳正義‧隱公五年》：「六月，鄭二公子以制人敗燕師于北制。君子曰：『不備不虞，不可以師。』」

42　《宋本十一家注孫子‧九變》：「故用兵之法，無恃其不來，恃吾有以待

「無恃其不來，恃吾有以待也。」其指，以自己平日積累之雄厚實力、在開明的政治、有素的訓練、旺盛的士氣、民意的支持下以作為外交折衝的憑藉、立國的根基。

第二節　「形勢」的思想 —— 詭譎成勢

「形」和「勢」是《孫子》中一對重要的概念。「形」泛指人的形體等一切有形之物，即客觀的物質力量，在軍事上指戰前軍力的充分積蓄；「勢」泛指事物發展的趨勢，或主觀意識上出奇和成勢，在軍事上指作戰時軍力的有效發揮，所不同的是：「形」為靜態論力，論的是運動中的物質；「勢」為動態論力，論的是物質的運動[43]。

為了說明這兩個抽象的概念，孫武在〈形〉、〈勢〉中對應地作了兩個比喻：

一、勝者之戰民也，若決積水于千仞之谿者，形也。

二、故善戰人之勢，如轉圓石於千仞之山者，勢也。

從上例中，藉分析水、石之性就很容易掌握其中奧妙，山澗小溪，天性柔順，若不積蓄成淵，即使從萬丈高山流下，也不致形成太大的力量。滾動的圓石，性雖堅硬，如果未置於險地，即使重達千斤也難以發揮威力。如果再引用孫武的其他表述，可更清楚凸顯其義，如〈勢〉云：「強弱，形也。」〈計〉云：「勢者，因利而制權也。」所以「形」正代表了兵力數量的多少、軍隊戰鬥力的強弱和軍事素質的優劣，其表現最佳的狀態就好比高

之，無恃其不攻，恃吾有所不可攻也。」

43　郭化若《孫子譯注・勢篇第五》p.120。

山積水，具有源源不斷的水量，儲有勢不可擋的能量；「勢」正代表了氣勢、地勢、陣勢、戰勢，其表現最佳的狀態是根據有利條件而靈活用兵，就好比高山滾石，用力雖小，而位能所形成的「勢」就十分驚人。

　　相對而言，作為軍事力量的「形」是靜態的，而作為作戰態勢的「勢」乃是「形」的運用，例如「五事」、「七計」、「地、度、量、數、稱」等客觀物質力量是「形」，憑藉這股力量「因利而制權」就是「勢」。又如「始如處女」[44]是「形」，而「后如脫兔」就是「勢」。靜、動間緊密相連，共同建構出運動戰思想的萌芽[45]。在運動過程中，二者轉化依存，相輔相成，一方面，「勢」必須以「形」為基礎，而「形」又須以「勢」為依托。引申出：有利的戰場態勢必須以優勢的軍事力量作后盾，而優勢的軍事力量必須藉著有利的戰場態勢才能充分發揮，而軍事力量並不能主動轉化成戰場態勢，必須經過「明君賢將」的指揮調度下，才能轉化為「善戰人之勢」[46]。而有利的戰場態勢一旦形成，往往又使著軍事力量倍增。所以在「明君賢將」的主動引導下，「形」、「勢」間轉化為「謀形造勢」；在眾志群力激盪下轉化為「詭譎成勢」，其相關具體作法：

壹　先為不可勝

　　孫武提出了「先勝」的主張，如〈形〉云：「昔之善戰者，先為不可勝，以待敵之可勝；不可勝在己，可勝在敵。」其意指：

44　《宋本十一家注孫子‧用間》：「是故始如處女，敵人開戶，后如脫兔，敵不及拒。」
45　郭化若《孫子譯注‧試箋‧勢篇第五》p.127。
46　《宋本十一家注孫子‧勢》：「故善戰人之勢，如轉圓石于千仞之山者，勢也。」

自古以來，善於指導戰爭的人，總是先減少自己的弱點，使敵人無隙可尋，不會被敵勝我，以此來等待敵人發生錯誤，暴露弱點，使我有機會戰勝敵人[47]。「先勝」的條件：積極凝聚壯盛的軍事實力，甚至強大的綜合國力；而綜合國力可藉由「稱」進行評估，如〈形〉云：「地生度、度生量、量生數、數生稱、稱生勝。」其意指：根據敵我雙方各有的國土、物產的貧富、可征召的兵員等，構成力量的對比，有了「稱勝」之結果，具以策定周密之國家戰略，則雖未戰，廟算已勝矣。

如何衡量「稱勝」？那就是能在敵我間軍事實力或綜合國力上形成「以鎰稱銖」[48]的對比。不言而喻，孫武在這裡使用「夸飾」的修辭法，「以鎰稱銖」並非兵力要超過敵人五百多倍，而是說明在決戰時、空下，須謀求兵力的絕對優勢，如同蓄積于高山之水，一經釋放，奔騰而下，莫可抵禦。可是，戰場上瞬息萬變，「先勝」僅為必要條件，如「不可勝在己，可勝在敵」其意指：自己應有能力去創造敵人不可勝我之態勢，反之，我之所以戰勝敵人，在於其能力薄弱，形成弱點，當其措施失當，則自然使我有可乘之機矣[49]。孫武強調必須根據戰爭客觀情勢靈活用兵，並提醒人們主動謀取優勢實力，不可盲目求戰。

貳　擇人而任勢

「先勝」固然重要，但是「先勝」并不等於「必勝」，故「善戰者，能為不可勝，不能使敵必可勝。故曰：勝可知，而不可為」

---

47 郭化若《孫子譯注・注釋・形篇第四》p.112。
48 見李浴日著《孫子兵法研究》：「為我國古衡名，十黍為累，十累為銖，二十四銖為兩，二十四兩為鎰」p.93，台北：黎明文化公司，1986年5月。
49 王建東《孫子兵法思想體系精解・軍形篇》p.242，台北：武陵出版公司，2003年4月。

50，對此，杜牧注曰：「敵若無形可窺，無虛懈可乘，則我雖操可勝之具，亦安能取勝敵乎？」賈林亦注曰：「敵有智謀，深爲己備，不能強令不己備。」杜佑則解釋得更具體云：「若敵密而無形，亦不可強使爲敗[51]。」綜合上意：勝與不勝，是可事先由各種狀況判斷之，但不可爲敵人製造勝利的機會，更不能憑主觀臆測使敵人爲我所勝，所以說是「不可爲」。然孫武是反對強爲，主張巧爲，只要巧爲，則不難將「先勝」引導至「必勝」。如何「巧爲」？其基本原則不外乎「擇人任勢」[52]。

〈勢〉云：「善戰者，求之於勢，不責於人，故能擇人而任勢。」所謂「任勢」：就是把軍隊的戰鬥力借助于客觀形勢顯示出來，把「勢」的可行性轉化爲戰鬥的現實性，從而對敵人造成巨大的威懾力[53]。而這種有效發揮戰力的「勢」則由：力量動態轉化的條件、力量爆發的速度、控制力量的節奏等力量三要素所構成的，如果掌握了契機[54]，就能創造出「礦弩之勢，發機之節」能使有限國力獲得最佳使用效益。

所以，形成這種威勢，依靠的是人。「擇人」就選擇優秀的將領。有利的、主動的態勢之所以能夠形成：全在於優秀的將領能審時成勢，臨機應變，靈活指揮。「審時成勢」：就是在不失時機，冷靜地看清敵勢、我勢、天勢、地勢；「臨機應變」：就

---

50 《宋本十一家注孫子・形》：「故善戰者，能爲不可勝，不能使敵必可勝。……，守則不足，攻則有餘。」
51 《宋本十一家注孫子・形》
52 薛國安《孫子兵法與戰爭論比較研究・謀形造勢的形勢論》p.21。
53 秦彥士《諸子學與先秦社會・從陰陽家到縱橫家・兵家思想及其學術價值》p.112。
54 王厚卿《中國軍事思想論綱・中國古代軍事思想・奴隷制向封建過渡時期的軍事思想・謀深計遠的全勝之策》p.190。

是要適時處理兵力的分合，即所謂「以分合爲變[55]」；「靈活指揮」：就是要善于隱蔽企圖、示形誘敵、奇正相生、治術多變。簡而言之，孫武之意在于：依靠優秀的將領，能靈活機動地運用謀略，形成對我有利的用兵態勢。

參　因形而錯勝

「任勢」并不是明君賢將意志的自由發揮，而是主觀與客觀間有機互動之產物：「因形而錯勝[56]。」曹操注曰：「因敵形而立勝。」李荃詳注曰：「錯，置也。設形勢之勢，因士卒之勇，而取勝焉。軍事尙密，非衆人之所知也。」杜牧注曰：「窺形可置勝敗，非智者不能，固非衆人所能得知也[57]。」由以上各家之注，可知，「錯」乃措置、設置之意。「因形而錯勝」即根據敵我情形而巧妙創造必勝的作戰態勢，大體是個通則，除可用于戰地指揮，也可以用于戰略指導，但不外兩點要求：

一、因　形

「因形」之要義即評估敵我客觀形勢后確定戰術或戰法。而「攻」與「守」是作戰的兩種基本形式：攻是爲了消滅敵人，守是爲了保全自己，攻守同歸於勝，都是體現戰爭目的的作戰手段。究竟何時應採取攻勢或守勢，絕不是一廂情願，必須以敵我的軍事實力爲依據，如「不可勝者，守也；可勝者，攻也。守則不足，攻則有餘」[58]，西方兵聖克勞塞維茲云：「急速而強力的轉移攻

---

55 《宋本十一家注孫子‧軍爭》：「故兵以詐立，以利動，以分合爲變者也。」
56 《宋本十一家注孫子‧虛實》：「因形而錯勝于衆，衆不能知。人皆知我所以勝之形，……。」
57 《宋本十一家注孫子‧虛實》
58 黃博偉《孫子十三篇輯校辯正‧形篇》：「《略解本》、《武經本》、《櫻田本》均同《宋本十一家注本》皆作『守則不足，攻則有餘。』《竹簡甲》、

勢 —— 好像一把電光石火樣的復仇利劍 —— 這在防禦中是最爲精彩的部份[59]。」由克氏生動的描寫不難瞭解，孫武「可勝者，攻也」的論斷的確是不刊之論。

　　只有正確地因形而任勢，才能充分地發揮攻守之利，所以孫武強調攻守之勢必須以兵力多少爲依據，基本原則是「守則不足，攻則有餘」。弱守強攻，這是作戰的一般法則，任何人不可以主觀臆斷，必須根據敵我兵力后，確定採取進攻抑或防守之勢，當攻則攻，當守則守。

二、錯　勝

　　「錯勝」之要義是決定戰法，以取勝意。即採取一系列措施創造必勝的作戰態勢。所謂「善守者，藏于九地之下；善攻者，動於九天之上」，就包含著深藏和巧動進而造勢的意思，故無論是守必固還是攻必克，孫武歸納出共同結論：「勢險節短」，如〈勢〉云：

> 激水之疾，至於漂石者，勢也；鷙鳥之疾，至於毀折者，節
> 也。是故善戰者，其勢險，其節短。勢如彍弩，節如發機。

上例意指：「勢險」：就是態勢險峻，我居險要地形，以優勢兵力突發制人；「節短」：就是近戰速決，實施短距離的猛烈攻擊，速戰速決。兩者互相關聯、互爲條件。「節短」才能保持「勢險」；「勢險」則必須「節短」。「勢險」則氣壯，氣壯才能放手一搏；「節短」則力聚，力聚才能快速衝擊。從攻守之勢分析：「藏于九地之下」[60]就是要隱蔽待機，俟敵接近，猛然發起攻擊之；「動

　　《竹簡乙》此處均作『守則有餘，攻則不足。』吳如嵩《淺說》從之。」
　　p.54，高雄：復文圖書出版社，1995 年 1 月。

[59]　克勞塞維茲（Carl Von Clausewitz）《戰爭論・防禦・戰略防禦的性質》（On War）p.32。

[60]　《宋本十一家注孫子・形》：「善守者，藏于九地之下；善攻者，動于九

于九天之上」就是要隱蔽機動，潛伏于敵人前沿，居高臨下猝然殲滅之，唯有如此才能自保而全勝。

孫子的「形勢」思想深富哲理，能深刻地揭示了形與勢、人與物間互動關係，充分說明了「人」在「謀形造勢」、「詭譎成勢」過程中所扮演的角色，對於后世「兵形勢」家有著深遠的影響[61]。

第三節　「天地」的思想 —— 居危思安

孫武作為一位偉大的軍事家，深知一切作戰行動是在自然環境下展開，不同的地理環境對軍隊的運動、作戰的進行有著深刻的影響，〈地形〉[62]云：

夫地形者，兵之助也。料敵制勝，計險厄遠近，上將之道也。

上例認為高明的將領用兵時必須判斷敵情、掌握主動、考察地形險易，計算敵我遠近。由于地理環境可同時為敵我雙方所用，如何利用環境條件而為我方所用，使之成為「兵之助」；至少也要明白不要為敵人所用，陷我於不利。因此孫武在〈地形〉、〈九地〉、〈行軍〉、〈火攻〉等篇中，能詳細從用兵角度分析各種地形的利弊，並論述在不同地形條件下的作戰原則與行軍宿營，以及運用氣候條件克敵制勝的方法，這幾篇可堪稱先秦時代討論

天之上，故能自保而全勝也。」

[61] 漢・班固撰《漢書・藝文志》：「形勢者，雷動風舉，后發而先至。離合背鄉，變化無常，以輕疾制敵者也。」p.448，台北：台灣商務印書館，1996年12月。

[62] 《宋本十一家注孫子・地形》：「夫地形者，兵之助也。……。知此而用戰者必勝，不知此而用戰者必敗。」

軍事地理、氣象的不朽著作，尤其是對地形鉅細靡遺的論述，正象徵著古代軍事地理的精華，更是「居危思安」之精義所在。

在孫武的思想中，「五事」[63]被視爲戰爭勝負的關鍵因素，其中就包括「天」與「地」兩個要素，如〈計〉云：「天者，陰陽、寒暑、時制也。地者，遠近、險易、廣狹、死生也。」就是歷經戰場的洗禮及戰爭驗證的結果。并把「天地孰得」列爲判斷戰爭勝負的「七計」之一[64]。故於戰場實證結果，如〈九變〉[65]云：「故將通於九變之地利者，知用兵矣；將不通於九變之利者，雖知地形，不能得地之利矣。」只有懂得地形運用，才算懂得「用兵」。張預注[66]曰：「凡地有形有變，知形而不曉變，豈能得地之利？」其意指：如果只了解自然地理形態，而不求它對軍事行動之影響，那是無法在戰場上利用地形地物的。

基於以上認知：孫武提出「知彼知己，勝乃不殆；知天知地，勝乃不窮」[67]觀點，若想獲得全勝，則必須考量天時、地利所應扮演的角色，如何在「趨利避害」的原則下與天時、地利相結合呢？須知「不知山林險阻沮澤之形者，不能行軍；不用鄉導者，不能得地利」（〈軍爭〉）所示，當大軍作戰時，爲主動掌握地利，能藉斥候反覆偵察與運用嚮導了解地形。又如「知戰之地，

---

63 《宋本十一家注孫子·計》：「曹操注曰：『謂下五事七計，求彼我之情也。』

64 《宋本十一家注孫子·計》：「主孰有道？將孰有能？天地孰得？⋯⋯吾以此知勝負矣。」

65 郭化若《孫子譯注·注釋·九變第八》：「九變，各種機變。九，泛指多；變，不照正常情況、循規蹈矩，而根據具体情況，從當時客觀情況需要出發所作的特殊處置，臨機專斷，不拘常法，⋯⋯。」p.159。

66 《宋本十一家注孫子·九變》

67 《宋本十一家注孫子·地形》：「故知兵者，動而不迷，舉而不窮。故曰：『知彼知己，勝乃不殆；知天知地，勝乃不窮。』」

知戰之日，則可千里而會戰」（〈虛實〉），這象徵爲將者在兵力運用上，能掌握地利，千軍萬馬在安全隱密地道路上，大步向決勝地邁進。

孫武根據戰略與戰術的需求，在軍事地形上採用兩種劃分標準：從戰略上劃分，作戰地區的地形有散地、輕地、爭地、交地、衢地、重地、圮地、圍地、死地等「九地」；從戰術上劃分，戰場地形有通、挂、支、隘、險、遠等「六形」，以及絕澗、天井、天牢、天羅、天陷、天隙等「六險」[68]。其中所蘊含的因地之宜、靈活制敵的思想，隨著時代的遷移，逐漸失去原有功能，然仍有其時代意義，或可作爲「居危思安」之參考價值：

壹　平原地形之作戰原則

春秋前期，井田制農業，道路整齊，便于兵車機動；畜牧業的發展和馴養技術的提高，平原、曠野成了以車戰爲主的戰場[69]。孫武充分體認到平原地區的特性作戰，如「平陸處易，而右背高，前死后生，此處平陸之軍也」（〈行軍〉），此乃平陸戰法的要領：平陸是平原或平坦之地，在這種地帶行軍、交戰時，宜佔領交通自由與便於立足之地，右背高阜地以布陣，更宜前控河川斷崖等地形「死地」，使敵前進困難，后接運動便利的「生地」，以利我之退卻[70]。

孫武在論述「通形」亦有相類似的描述，如「通形者，先居

68　薛國安《孫子兵法與戰爭論比較研究・趨利避害的天地論》p.66。

69　王厚卿《中國軍事思想論綱・中國古代軍事思想・奴隸制向封建制過渡時期的軍事思想・學術思想的活躍與軍事思想的蓬勃發展》p.98。

70　李浴日《孫子兵法研究・地形第十》p.194，台北：黎明文化公司，1986年5月。

高陽，利糧道，以戰則利」[71]，其意指：若處此地形，宜先佔領高峻而面於東南之地，并對后方糧道嚴加警戒，防敵迂迴破壞等。依《國軍軍思想》[72]云：「以最大兵力指向敵最大弱點而攻擊之，乃為作戰致勝之第一規律。」戰鬥間，最危險者，莫不過於「側方與后方」，敵我亦然，此乃平陸戰法尤應留意者。

貳　山陵地形之作戰原則

　　山巒丘陵，易守難攻，是防禦者依托之所在，也是攻擊者難以逾越的障礙，孫武云：「故用兵之法，高陵勿向，背丘勿逆[73]。」它指出對於佔據高地為陣地的敵人，我不可仰攻，因為仰攻不利。對於以丘陵作為依托之敵，我也不可迎敵，因為這足以暴露我之行動，受敵瞰制。

　　又「凡軍好高而惡下，貴陽而賤陰，養生而處實，軍無百疾，是謂必勝。丘陵堤防，必處其陽，而右背之。此兵之利，地之助也」（〈行軍〉），這是一條適用各種地形的作戰通則：大凡軍隊的宿營，尚爽高地，而忌卑濕地，又貴向東南而嫌對西北等；且宜位於糧秣豐富之地，以此養生，士兵健壯，自然可操勝利左券。當行軍於丘陵堤防時，其宿營必須選擇以東南為右背，如此，既可以保持士兵的健康，又可資為掩護，這是用兵之利，也是地利之所在。

　　山地地形崎嶇複雜，因人煙稀少、氣候多變、通行困難，不易變更部署時，孫武主張「絕山依谷；視生處高；戰隆無登；此

71　《宋本十一家注孫子・地形》：「我可以往，彼可以來，曰通。通形者，先居高陽，……。」
72　《國軍軍事思想・國軍野戰思想主流・戰略攻勢》p.257。
73　《宋本十一家注孫子・軍爭》：「故用兵之法，高陵勿向，背丘勿逆，佯北勿從，……。此用兵之法也。」

處山之軍也」[74]，依《陸軍作戰要綱[75]》云：「山地戰之地形要點通常爲瞰制谷地與交通線之制高點，部隊運動所必經之隘地與谷地，以及作爲補給線所必須確保之道路。」有了以上說明，再看孫武山地戰要領：當橫斷通過山岳時，宜沿著河谷前進，因有著水草之補給；又，在交通便利的山地，宜佔領高地布陣，則可得瞰制之利；對於佔領高地的敵人，避免從正面仰攻，最好誘敵從高地下來交戰。另外，孫武亦提到「掛形」、「支形」、「隘形」、「險形」（〈地形〉）等四種高地的作戰原則，從中可以看出「居利思安」的關鍵：

關於「掛形」：「可以往，難以返，曰掛。掛形者，敵無備，出而勝之。敵若有備，出而不勝，難以返，不利。」就是說：我憑借居高臨下之勢，隱蔽企圖，有利于奇襲，唯企圖一旦暴露，易遭敵反擊導致被殲。

關於「支形」：「我出而不利，彼出而不利，曰支。支形者，敵雖利我，我無出也。引而去之，令敵半出而擊之，利。」就是說：敵我各居高隘，相互對峙，在這種地形作戰，誘敵脫離既設陣地，突予攻擊之。

關於「隘形」：「隘形者，我先居之，必盈之以待敵。若敵先居之，盈而勿從，不盈而從之。」就是說：敵我爭奪隘口及其周圍要點之控制權。孫武主張先期占領要點，並控制隘口等，若敵扼守不全時，宜向其弱點攻擊之。

關於「險形」：「險形者，我先居之，必居高陽以待敵；敵若先居之，引而去之，勿從也。」就是說：險阻的地形，不適於

74　《宋本十一家注孫子·行軍》：「凡處軍，相敵，絕山依谷；視生處高；……。」
75　《陸軍作戰要綱 —— 聯合兵種指揮·特殊狀況下作戰·山地戰》p.6-3，龍潭：陸軍總司令部，1980年6月。

大軍機動。倘我先敵佔領，必據其南面之高地（便於展望）以待敵；倘敵先我佔領，則我必須引兵他去，另謀求迂迴的良方。

參　河川地形之作戰原則

寬廣不能徒涉且與作戰線成垂直之河川，對攻者形成障礙，而爲防者最佳之天然掩護[76]。孫武指出：「絕水必遠水；客絕水而來，勿迎之於水內，令半濟而擊之，利；欲戰者，無附於水而迎客；視生處高，無迎水流；此處水上之軍也。」（〈行軍〉）其戰鬥要領：當大軍須橫渡河川時，必須迅速前進，以遠離這種障礙爲原則；至於敵渡河前進時，不可迎擊於水上，宜乘其一半剛登陸，其后一半尚未渡河時而擊之，因此時，敵人前后失去聯絡，極爲不利，最有名的戰例，《左傳・定公四年》云：

> 夫概王曰：困獸猶鬥，況人乎？若知不免而致死，必敗我；
> 若使先濟者知免，后者慕之，蔑有鬥心矣。半濟而后可擊也。

若預期將與敵決戰，則無須沿河岸配備兵力，僅行警戒即可；而于后方較高之處佔領陣地，待敵半渡或主力渡河時，趁其立足未穩，即轉移攻勢而擊滅之，轉移攻勢之目標應指向上游要點，因上游水面較狹易渡，且不易爲敵積水沖淹。[77]

肆　險障地形之作戰原則

針對危險的天然障礙，孫武亦提出：「凡地有絕澗、天井、天牢、天羅、天陷、天隙，必亟去之，勿近也。吾遠之，敵近之；吾迎之，敵背之。」（〈行軍〉）大凡在地形上，有六種危險的

---

[76]　《陸軍作戰要綱 —— 聯合兵種指揮・特殊狀況下作戰・河川戰》p.6-9。
[77]　王建東《孫子兵法思想體系精解・行軍篇》p.405，台北：武陵出版公司，2003年4月。

障礙地區，「絕澗」：絕壁斷崖的谿谷；「天井」：四高中陷的凹地；「天牢」：山林環繞，易入難出，好像牢獄；「天羅」：荊棘叢生，進退不能自由，刀劍弓矢不便運用，好像投入羅網；「天陷」：卑濕泥濘，人馬難行，好像陷阱一樣；「天隙」：道路狹隘，坑溝多有的地帶[78]。這六種「死地」，孫武總以為遠離為好，如不得已而處軍時，有以下兩種對策：

一、吾遠之、敵近之

蓋我離此地，敵若接近之，可乘敵進退維谷襲擊之。

二、吾迎之、敵背之

我先敵於此，佈置陣勢，敵如來戰，必通過該地而背之，我可壓迫其于地障而殲滅之[79]。

孫武向來「天」、「地」並重，他在分析各種地形「居危思安」時，仍然強調各種天時。他認為「明君賢將」於統兵作戰時必須考慮「陰陽」、「寒暑」、「時制」的因素。特別論述火攻問題時，他是贊成利用自然力作為戰爭手段的，〈火攻〉云：

發火有時，起火有日。時者，天之燥也，日者，月在箕、壁、翼、軫也；凡此四宿者，風起之日也。

孫武所說的火攻日期之選擇，若照現代眼光而言，是沒有根據的。「箕」等四星宿，屬於二十八個靠近黃道的中國式星座，它們是有一定的位置屬於地球大氣層以外的自然界之物質運動，又稱天文現象；而地面刮風與否，是天氣現象，屬於大氣層中對流層短時期的物理現象，是兩個不同的領域，而天體運動與刮風與否並

78　李浴日《孫子兵法研究・行軍第九》p.182。

79　魏汝霖《孫子兵法大全・行軍篇第九》p.221，台北：黎明文化公司，1986年5月。

沒有直接關係是可以確定的[80]。

又如「火發上風，無攻下風。晝風久，夜風止」，意指：火攻必須從上風處引火。白晝刮風久了，夜裡風就會停止，如「飄風不終朝」[81]，白晝與黑夜，地表受熱情況不同，風力風向變化是肯定的，但不是一定存在于任何地區的任何季節。孫武把自然環境中可能影響戰爭的一些現象，寫入他的著作裡，而書中所反映的自然科學知識，與其所處的歷史背景相吻合，足見其兵學架構之嚴謹與實用。

第四節　「虛實」的思想──攻虛擊弱

虛實，顧名思義，就是強點與弱點，包括了軍力的強弱大小和態勢的優劣長短，它是一對內涵高度抽象外延十分廣泛的概念，一般而論，無者爲虛，有者爲實，空者爲虛，堅者爲實，表現在軍事上，大凡怯、弱、亂、飢、勞、寡、不虞等爲虛；勇、強、治、飽、逸、眾、有備等爲實。虛實作爲軍事術語，從文獻記載上看，最早提出的是《孫子》，前后出現兩次，一次是〈勢〉：「兵之所加，如以碬投卵者，虛實是也。」一次是作爲篇名：〈虛實〉。

戰況并不像圍棋盤是黑白清晰的幾何圖形，而是像一件模糊不清的斑斕迷彩服。敵我雙方處于交著中，就看誰能棋高一著，

---

80 閻韜等著《中國典籍精華叢書・諸子群書・孫子兵法評介》p.126，北京：中國青年出版社，2000 年 5 月。
81 魏・王弼注、明・孫鑛評、嚴靈峰編輯《老子道德真經・二十三章》：「希言自然。飄風不終朝，驟雨不終日。……」p.48。

出敵所料，《唐太宗李衛公問對》[82]云：

> 朕觀諸兵書，無出孫武，孫武十三篇，無出〈虛實〉。夫用
> 兵識虛實之勢，則無不勝焉。

身經百戰的唐太宗如此推崇孫武的〈虛實〉，並且認爲只要懂用兵的虛實，就能百戰百勝，足見虛實二字非同凡可。

　　孫武認爲「虛實」不是孤立，也不是一成不變，而相互聯繫、相互依存、相互轉化，經過主動的努力可以變虛爲實，變實爲虛，從而爭取到有利的地位，《淮南子·兵略訓》[83]云：

> 故勝兵者非常實也，敗兵者非常虛也。善者能實其民氣，以
> 待人之虛也；……。故虛實之氣，兵之貴者也。

以強勝弱，以實克虛，是軍事上不變的規律，因此，明君賢將無不爭取處實而避虛，力求達到孫武所提的「以鎰稱銖」[84]、「以碬投卵」[85]的「攻虛擊弱」有利地位，其內在轉換致「實」技巧[86]，計有下列三項作法：

壹　察明虛實

　　察明虛實，對於選擇正確的作戰目標、攻擊方向，有著重要的意義，〈虛實〉[87]云：

82　陽明先生手批《武經七書·唐太宗李衛公問對·卷中》p.259，台北：三軍大學景印，1976 年 6 月。
83　漢·劉安著、張雙棣《淮南子校釋·兵略訓》：「夫氣之有虛實也，若明之必晦也。故勝兵者非常實也，敗兵者非常虛也。……」p.1618，北京大學出版社，1997 年 8 月。
84　《宋本十一家注孫子·形》：「故勝兵若以鎰稱銖；敗兵若以銖稱鎰。」
85　《宋本十一家注孫子·勢》：「孫子曰：『凡治眾如治寡，分數是也。……，兵之所加，如以投碬卵者，虛實是也……。』」
86　王厚卿《中國軍事思想論綱·中國古代軍事思想·奴隸制向封建制過渡時期的軍事思想·豐富多彩的作戰理念》p.241。
87　《宋本十一家注孫子·虛實》：「夫兵形象水。水之形避高而趨下，兵之

> 夫兵形象水。水之形避高而趨下；兵之形避實而擊虛。

其意：用兵的規律像水，用兵制勝的規律是避開敵人堅實而攻擊其虛弱之處。能否正確「料敵」，在于透過各種偵察手段查明敵我虛實之情。

孫武提出了四種察明虛實之法，〈虛實〉云：

> 策之而知得失之計，作之而知動靜之理，形之而知死生之地，角之而知有餘不足之處。

意思是：就是透過「策之」、「作之」、「形之」、「角之」等手段查明敵人作戰構想、兵力運用、武器配備等虛實情況。

貳　轉換虛實

轉換虛實，在于變敵之實為虛，變我之虛為實，戰場上敵對雙方的虛實情況是客觀存在的。古今所謂善戰者，就在于能夠明察虛實，充分發揮主動精神去轉換虛實之勢，「變實而為虛，變虛而為實也」，然后以我之實擊敵之虛，如「敵佚能勞之，飽能飢之，安能動之」[88]所示，而「能」就代表著「主動」在戰場上所扮演的角色。

如何轉換虛實？孫武提出：「我欲戰，敵雖高壘深溝，不得不與我戰者，攻其所必救也；我不欲戰，畫地而守之，敵不得與我戰者，乖其所之也。」（〈虛實〉）其大意指：敵若憑藉「高壘深溝」堅壁不出，則我採取「攻其所必救」迫敵決戰，然后以我之實擊敵之虛；當不利與敵決戰時，則我採取「乖其所之」改變敵人的攻擊方向，使其打不著。

形避實而擊虛；水因地而制流，……。」
88 《宋本十一家注孫子·虛實》：「能使敵人自至者，利之也；能使敵人不得至者，害之也。故敵佚能勞之，飽能飢之，安能動之。」

參　扼亢拊背

攻虛擊弱須具備兩個條件，它必須是敵人的虛弱之處，同時又是關乎生死的要害，如〈孫子吳起列傳〉云：

> 夫解雜亂糾紛者不控捲，救鬥者不搏撠，批亢搗虛形格勢禁，則自為解耳。

孫臏繼承孫武「避實擊虛」的思想，主張「批亢搗虛」認為進攻作戰時，攻擊點「亢」必須選在敵人既是要害而又虛弱之處，依《陸軍作戰要綱‧作戰》[89]云：「攻擊重點通常指向敵之弱點或其最感痛苦方面。」又如孫武所提「先其所愛」的「愛」，都意昧著打擊要針對全局有著震撼作用的焦點，孫臏在齊魏「圍魏救趙」、「馬陵設伏」[90]等戰例，正是這種思想的運用。

由於虛實二字有著廣泛的解釋，如《老子》[91]云：「天下莫柔弱於水，而攻堅強莫之為先，……。」用兵之道，亦復如此。兵之情正如水因地而制流者同。敵無常情，故兵亦無常勢，但能因敵情之變化而勝者，始可謂臻於神化之境地焉。若要做到對敵能「攻虛擊弱」，進而出奇制勝，則外在之動敵致「虛」技巧[92]，如：

一、示形惑敵

就是運用各種假象偽裝欺騙與調動敵人。孫武云：「形人而

89　《陸軍作戰要綱 —— 聯合兵種指揮‧作戰‧攻擊重點指向》：「……，凡便于我戰力發揮，而敵戰力發揮困難之處，尤其敵之側翼、配備之間隙、兵團結合部、素質低劣之部隊，或敵未預期之正面，均適于重點指向。」

90　薛國安《孫子兵法與戰爭論比較研究‧避實擊虛的虛實論》p.43。

91　魏‧王弼注、明‧孫鑛評、嚴靈峰編輯《老子道德真經‧七十八章》：「天下莫柔弱于水，而攻堅強者莫之為先，以其無以易之也。」p.140。

92　龔留柱《武學聖典 —— 孫子兵法與中國文化‧博大精深的孫子兵法》p.65，開封：河南大學出版社，1997 年 6 月。

我無形」[93]，即讓敵人的行踪和企圖完全暴露，而把自己的形迹
隱匿，或示假隱真，虛虛實實，真真假假，做到「微乎微乎，至
於無形；神乎神乎，至於無聲，故能爲敵之司命」[94]，對敵人示
形，就是以假象欺騙，使敵人產生虛幻的錯覺，則該守不守，或
僅以弱兵防守，就給我方在出奇制勝、攻虛擊弱上創造了機會，
如吳越笠澤之戰：這次戰役，越王勾踐指揮創新，根據敵軍依托
江岸列陣，在敵前強渡難度甚大時，遂以部份兵力在兩翼伴動，
形成敵人錯覺，調動吳軍分散兵力，爾后出人意表地率主力實施
敵前潛渡，集中兵力向最敏感的要害 ——「中軍」發動突擊，這
是此戰勝利之主因[95]。

二、兵貴神速

孫武在「攻虛擊弱」中強調用兵速度的重要，如「兵之情主
速，乘人之不及，由不虞之道，攻其所不戒也」（〈九地〉），
一旦出現戰機，必依高速運動，適時將戰力靈活分合，藉以迅速
改變敵我相對態勢，置敵人於最不利之狀況，使其不及挽救而就
殲[96]。

「迅雷不及掩耳，疾電不及瞬目」是歷來中西名將用兵的法
寶。《拿破崙治兵語錄》[97]云：「快速行軍增高軍隊的士氣，同

---

[93] 《宋本十一家注孫子·虛實》：「故形人而我無形，則我專而敵分。」

[94] 《宋本十一家注孫子·虛實》：「故善攻者，敵不知其所守；善守者，敵
　　不知其所攻。微乎微乎，至于無形，……。」

[95] 中國人民革命軍事博物館編著《中國戰爭發展史·軍制發展兵學成熟的車
　　戰時代 —— 春秋時期·爭霸戰爭從「武力制勝」到「謀略制勝」的重大時
　　代》p.83。

[96] 《陸軍作戰要綱 —— 聯合兵種指揮·機動原則與速度》p.4。

[97] 蘭沙編註、李維寧譯《拿破崙治兵語錄·第九條》（Maximes de Guerre）：
　　「軍隊的力量與力學中的能力相似，是質量與速度的乘積。快速行軍增高
　　軍隊的士氣，……。」p.15，台北：軍事譯粹社，1956 年 10 月。

時加大其勝利機會。」速度的發揮，是為了創造有利的態勢。也只有接近敵人，才能發揮武器的效能；也只有攻其無備，才能達到殲滅敵人，獲致戰果。其行動要領必須結合「示形惑敵」始克奏功，如「始如處女，敵人開戶，后如脫兔，敵不及拒」及「敵人開闔，必亟入之」[98]，開始時要像處女一樣柔弱沉靜，使敵人放鬆戒備；一旦敵人出現虛隙，就要像脫逃之兔迅速行動，或在敵人疏於戒備或意想不到的時、地，實施奇襲，才能達到「攻虛擊弱」的目的。

但奇襲有其限制，如克勞塞維茲曾言：「必須防禦者賦有重大過失的場合，才能有效實施，……[99]。」由于快速奇襲，可以打亂敵人兵力部署，迫使敵人主客易位，在戰場上藉內、外線兵力分合，避實衝虛，故「古之善用兵者，能使敵人前后不相及，眾寡不相恃，貴賤不相救，上下不相收，卒離而不集，兵合而不齊」（〈九地〉），又「無要正正之旗，勿擊堂堂之陳」、「避其銳氣，擊其惰歸」[100]等皆為《孫子》中實際運用之原則，孫武很清楚提醒著我們：欲「攻虛擊弱」則必須選擇正確作戰方向和攻擊目標，要選敵人不意和無備的弱點、虛點，才能收到先敵制勝的實效。

---

98 《宋本十一家注孫子‧九地》：「是故政舉之日，夷關折符，無通其使，屬于廊廟之上，以誅其事。敵人開闔，……。」。
99 克勞塞維茲（Carl Von Clausewitz）《戰爭論‧防禦‧戰略上攻防兩手段關係》（On War）p.15。
100 《宋本十一家注孫子‧軍爭》：「故善用兵者，避其銳氣，擊其惰歸，此治氣者也，……，無要正正之旗，勿擊堂堂之陳，此治變者也。」

第五節　「奇正」的思想 —— 奇拙正勝

　　春秋時期，隨著五軍陣[101]的出現，奇正理論被明確地提出來。《握奇經》[102]：「四爲正，四爲奇，餘奇爲握機。」所謂「四爲正，四爲奇」即指四方爲正，四維爲奇，換言之，前、后、左、右四個小方陣爲戰鬥部隊的位置，稱爲「實地」，位于「實地」的部隊就是正兵；作戰部隊之間的間隙地帶就稱爲「虛地」，利用「虛地」實施機動部隊就是奇兵。所謂「握機」，即指由將者居中控制的兵力，稱爲餘奇之兵或餘零之兵[103]。五軍陣的原則是「薄中厚方」與「居中御外」，奇兵和正兵的區分和調動全由中軍將帥決定。

　　隨著戰爭規模和作戰形式的發展，奇正概念的內涵不斷被發展。它由陣法術語演變爲兵法術語，又衍變爲治軍治國的術語。如「以正治國，以奇用兵」[104]，但真正將奇正作爲兵家術語則始見于孫武，如〈勢〉云：「三軍之眾，可使必受敵而無敗者，奇正是也。……凡戰者，以正合，以奇勝。……戰勢不過奇正，奇正之變，不可勝窮。奇正相生，如循環之無端，孰能窮之？」但其未作進一步的解釋。

　　然中國兵書因偏重於哲學思辨和直覺頓悟，致后代兵家對

101　參見王厚卿主編《中國軍事思想論綱·中國古代軍事史》：「五軍陣，是春秋時期出現一個完整的方陣，由前、后、左、右、中五個小方陣構成。」
102　轉引自《中華諸子寶藏·諸子集成·補編》（三）風后撰、漢·公孫弘解、晉·馬隆述讚《握奇經》：「八陣四爲正，四爲奇，餘奇爲握機，奇餘零也。先出遊軍定兩端。」p.3-787，成都：四川人民出版社，1997年6月。
103　陽明先生手批《武經七書·唐太宗李衛公問對·卷上》p.239。
104　魏·王弼注、明·孫鑛評、嚴靈峰編輯《老子道德真經·五十七章》：「以正治國，以奇用兵，以無事取天下。」p.108。

「奇正」則有著相當多的闡述：其中以宋人王皙、張預之注解最為詳備，如王皙注[105]曰：「奇正者，用兵之鈐鍵，制機之樞機也。」「鈐鍵」、「樞機」均喻指事物運動的關鍵。王皙的解釋是正確允當的；另張預注[106]曰：「三軍雖眾，使人人皆受敵而不敗者，在乎奇正也。奇正之說，諸家不同。《尉繚子》則曰：『正兵貴先，奇兵貴后。』曹公則曰：『先出合戰為正，后卻為奇。』……。唯唐太宗曰：『以奇為正，使敵視以為正，則吾以奇擊之；以正為奇，使敵視以為奇，則吾以正擊之。』混為一法，便敵莫測，茲最詳矣。」這些對「奇正」的歸納和概括，無疑的是從不同面向解釋並深化了孫武對「奇正」思想的內涵。

但是，不管兵家對「奇正」有多少理解，孫武論述「奇正」的原始精神是指「作戰布勢」，作戰布勢是運用軍事力量的一種藝術。我們可以從「凡治眾如治寡，分數是也。鬥眾如鬥寡，形名是也。三軍之眾，……，奇正是也。兵之所加，如以碬投卵者，虛實是也」（〈勢〉）中，引申出「分數」、「形名」、「奇正」、「虛實」四組概念，是依照軍隊戰備整備的順序，其內容涵蓋了「部隊編組」、「立營固壘」、「作戰布勢」和「攻敵制勝」等四個階段，而「奇正」的精神適巧貫串了戰備整備的順序及步驟，而具體顯現於「作戰布勢」中，所以，「陣形」是奇正理論出現的前提。足見，「奇正」與「陣形」有關，而古代之陣形實際就是兵力的部署及運用的一種藝術。然最契合孫武「奇拙正勝」內涵的莫不過如〈武議〉[107]云：

105　《宋本十一家注孫子·勢》
106　《宋本十一家注孫子·勢》：「張預注曰：『統眾既多必先分偏裨之任，定行伍之數，使不相亂，然后可用。……則吾以奇擊之；以正為奇，使敵視以為奇，則吾以正擊之，混為一法，使敵莫測。』」
107　陽明先生手批《武經七書·尉繚子·武議》：「勝兵似水。夫水至柔弱者

> 今以莫邪之力，犀兕之堅，三軍之眾，有所奇正，則天下莫
> 當其戰矣。

其大意：如今要用莫邪那麼鋒利的寶劍，用犀牛皮那麼堅硬的盔
甲來武裝三軍，在靈活運用「奇正」之作戰布勢，那麼天下就沒
有任何力量能抵擋得住進攻了。

　　從各家解釋，以不同的角度揭示出奇正的多種面向，并使之
具體化。如果運用軍事術語歸納各家注釋，則以今人郭化若之注
釋最為詳細，《孫子譯注・勢篇》[108]云：

> 奇正，古代軍事術語，指奇兵、正兵的戰術運用。奇正一般
> 包含以下意思：
> （一）在軍隊部署上，擔任警戒、守備的部隊為正，集中機
> 動的主力為奇；擔任箝制的為正，擔任突擊的為奇。
> （二）在作戰方式上，正面攻擊為正，迂迴側擊為奇；明攻
> 為正，暗襲為奇。
> （三）按一般原則作戰為正，根據具體情況採取特殊的作戰
> 方法為奇。軍隊無論駐軍行軍，都派出警戒部隊（奇）以保
> 衛主力（正），這樣即使遭到敵軍突然進攻，也一定不會被
> 打敗。

綜合各家解釋，「奇正」內涵的區別不外乎兩點：
一、兵力的主與次。
二、戰法的常與變。
　　無論古今中外，用兵者只要靈活運用這兩點，便不難達到「攻

也，然所觸，丘陵必為之崩，無異也，性專而觸誠也。今以莫邪之利，……。」
p.355。

[108] 郭化若《孫子譯注・注釋・勢篇第五》p.121，上海：上海古籍出版社，2003
年 8 月。

其無備，出其不意」[109]，從而收到「奇拙正勝」之效。

壹　「奇拙正勝」之精義

奇與正是相對獨立，又是相互關連，互相轉化的，我們對二者的內涵和關係絕不可片面的理解，而應把握其精髓之所在，如《老子》[110]云：

> 禍兮，福之所倚；福兮，禍之所伏。孰知其極，其無正邪？
> 正復為奇，善復為祆。人之迷也，其日固已久矣。

其意謂：災禍，幸福的親近伴侶；幸福，災禍的藏身之所。無人知其終極原因？恐怕沒有正常的準繩。正常可以變為反常，善良可以化為妖孽。百姓的迷惑不解，由來已久了。則引申出：若知正而不知奇，那不過是紙上談兵。

首先，孫武認為「奇正」必須是緊密相連，不可分割的：如「凡戰者，以正合，以奇勝。」在指揮用兵時，必須區分「主攻」、「助攻」，可以選用正規戰法或特殊戰法，但決不可彼此割裂，互不相干。正確的方法是「奇正相生」。二者既有分別又有聯繫，主攻兵力與助攻及預備隊兵力須能靈活調度相輔相成，缺一不可，《唐太宗李衛公問對》[111]云：「凡將，正而無奇，則守將也；奇而無正，則鬥將也；奇正皆得，國之輔也。」

其次，孫武認為「奇正」是可以相互轉化，無法拘泥的：奇正之道重在于「示拙善變」，如《老子》[112]云：「天下皆知美之

---

109 《宋本十一家注孫子·計》：「無其無備，出其不意。此兵家之勝，不可先傳也。」

110 魏·王弼注、明·孫鑛評、嚴靈峰編輯《老子道德真經·五十八章》：「其政悶悶，其民淳淳，其政察察，其民缺缺。禍兮，福之所倚；……。」p.110。

111 陽明先生手批《武經七書·唐太宗李衛公問對·上卷》p.240。

112 《老子道德真經·二章》：「天下皆知美之為美，斯惡已；……故有無相

為美，斯惡已；天下皆知善之為善，斯不善已。」其意謂：天下皆知美、善之所以為美、善，那醜與不善的觀念就出現了，所以巧拙互相生成，奇正互相轉化。〈勢〉云：

> 故善出奇者，無窮如天地，不竭如江河。……。聲不過五，五聲之變，不可勝聽也。色不過五，五色之變，不可勝觀也。味不過五，五味之變，不可勝嘗也。戰勢不過奇正，奇正之變，不可勝窮也。奇正相生，如循環之無端，孰能窮之？

由上例可知：孫武為求「破敵之勢」。特揭出「奇正」並以五聲、五色、五味之變為喻，奇正相生，不可勝窮。奇正之變，表相似拙，然其變化不可勝窮，即隨時均可應付突發狀況之轉變。孫武運用生動活潑的譬喻，使人了然於心：

一、「奇正」要像天地江河一樣變化無窮。

二、「奇正」要像日月星辰、春夏秋冬一樣循環往復。

三、奇正要像五聲（宮、商、角、徵、羽）、五色（青、黃、赤、白、黑）、五味（酸、苦、甘、辛、鹹）那樣千變萬化。

貳　「奇拙正勝」之特色

由於，戰勢不過奇正兩種狀況，如何達到像五聲、五色、五味的千變萬化呢？清中興名臣曾國藩用相當淺顯的語句說明了其中的道理，《曾胡治兵語錄・將材》[113]云：

> 兵事不外奇正二字，而將材不外智勇二字，有正無奇，遇險而覆；有奇無正，勢極即阻。

其意指：戰場上情勢雖然千變萬化，但在根本上，只有「奇」與

生，難易相成，長短相形，……。」p.15。

[113] 蔡松坡析評《曾胡治兵語錄注釋・將材・得人為主》p.14，台北：黎明文化公司，1989 年 7 月。

「正」。兵加於敵而百戰不殆者，乃靠奇、正的相互力量，惟有發揮奇正相互為用的力量，才能如石擊卵，以我之實破敵之虛。其又指出：「打仗不慌不忙，先求穩當，次求變化；……114。」則先求穩當即是正，次求變化即是奇。

　　孫武用兵的精神即在「奇」，而用奇之根本即在「正」，兵力的運用要奇正相生，如五色、五聲、五味之變化無端，難以捉摸。「用奇」的目的：是在於以「形勢勝敵」──求勝；「用正」的目的：乃在於「先求穩當」──示拙。而用兵無正，則兵力不強；用兵無奇則無法創造勝利的契機。兩者間的運用不是孤立的，它必須與示形、虛實、拙勝等結合，才能使「奇拙正勝」達到「微乎微乎，至於無形；神乎神乎，至於無聲；故能為敵之司命」（〈虛實〉）的程度，這是將帥駕馭戰爭能力的一項重要課題。

---

114 《曾胡治兵語錄注釋・將材・得人為主》p.18。

第四章 《孫子》戰爭實踐及
思想之侷限

　　孫武論兵之所以能夠成為典範：在于他強調主動靈活，不僅掌握戰爭的客觀規律，同時也發揮了「人」的主動作用。其決定用兵思想時，能洞察敵我動靜，機動採取應變對策，形成有利態勢，故能「因利制權」[1]、「因敵制勝」[2]，進而「踐墨隨敵，以決戰事」[3]，並佐以「攻其無備，出其不意」[4]等詭道，迅即獲得勝利。這種由「認識」到「決策」，由「決策」到「實踐」，由「實踐」到「取勝」的過程，彼此環節相扣，交互運用，在戰略上具有普遍的指導意義，故《孫子》自古以來被視為「用兵如神」的經典，更是歷經戰爭驗證后之最佳寫照。

---

[1] 魏・曹操等注《宋本十一家注孫子・計》：「計利以聽，乃為之勢，以佐其外，勢者，因利而制權也。」香港：寶華齋書社，2002 年 6 月。
[2] 《宋本十一家注孫子・虛實》：「夫兵形象水。……水因地而制流，兵因敵而制勝。」
[3] 《宋本十一家注孫子・九地》：「是故政舉之日，夷關折符，無通其使，……，先期所愛，微與之期。踐墨隨敵，以決戰事。……」
[4] 《宋本十一家注孫子・計》：「兵者，詭道也。……。攻其無備，出其不意。此兵家之勝，不可先傳也。」

第一節 《孫子》戰場的實證

據《史記‧孫子吳起列傳》[5]云：

> 于是闔廬知孫子能用兵，卒以為將，西破強楚，入郢，北威齊晉，顯名諸侯，孫子與有力焉。

又依《吳越春秋‧闔廬內傳》[6]云：

> 子胥諫曰：……。今大王虔心思士，欲興兵戈以誅暴楚，以霸天下而威諸侯，非孫武之將，而誰能涉淮、踰泗、越千里而戰者乎？

儘管《史記》本傳及《吳越春秋》未能正面記敍《孫子》其兵法在戰略、戰術上的實地運用，但不約而同強調了吳王打敗強楚、攻克郢都、威震齊晉、名顯諸侯，「孫子與有力焉」。雖然虛此一筆，孫武的軍事才能、其兵法的實用價值，便兀然突現了。

壹 西破強楚

孫武的時代是經過「五霸」之更迭，已經形成晉、楚兩國爭雄，晉國因內受公室牽制，又苦于強楚挑釁，為使楚國陷入兩面作戰，採取了聯吳制楚的方針，而吳國亦希擺脫與楚國在江淮流域的長期對抗，亟思突破，遂採伍員「以近制遠」之策[7]，故自孫武被任命為吳將的闔廬三年（B.C 512），經過充分的準備，率兵伐楚，攻克楚的屬國舒，這一年，闔廬為清除吳王僚的殘餘勢力，又「使

---

5 日‧瀧川龜太郎《史記會注考證‧孫子吳起列傳》
6 漢‧趙曄撰、元‧徐天佑注《吳越春秋‧闔廬內傳》p.92，台北：世界書局，1980 年 3 月。
7 秦彥士《諸子學與先秦社會‧先秦戰爭與諸子的理性思考》p.172，石家莊：河北人民出版社，2003 年 1 月。

徐人執掩餘，使鍾吾人執燭庸。二公子奔楚」，由于二公子的逃離，遂遷怒鍾吾與徐兩國，《左傳‧昭公三十年》[8]云：

> 吳子怒，冬十一月，吳子執鍾吳子，遂伐徐，防山以水之。己卯，滅徐。……楚沈尹戍帥師救徐，弗及，遂城夷，使徐子處之。

此時，闔廬亟想乘勝直入楚都郢，然孫武瞭解時機尚未成熟，予以勸阻如〈吳太伯世家〉[9]云：

> 光謀欲入郢，將軍孫武曰：民勞，未可，待之。

于是，闔廬對楚採取了孫武在〈計〉所提出的策略云：

> 兵者，詭道也。……，卑而驕之，佚而勞之，……[10]。

並接受行人伍員「三師肄楚」之建議：即先疲憊敵人，再進行決戰之戰略方針，輪番襲擾楚國邊境，《左傳‧昭公三十年》[11]云：

> 吳子問于伍員曰：初而言伐楚，余知其可也，……？對曰：……。若為三師以肄焉，一師至，彼必皆出。彼出則歸，彼歸則出，楚必道敝。亟肄以罷之，多方以誤之，既罷而后以三軍繼之，必大克之。闔廬從之，楚于是乎始病。

8　《春秋左傳正義‧昭公三十年》：「吳子使徐人執掩餘，使鍾吾人執燭庸。二公子奔楚，楚子大封而定其徙。……吳子怒，冬十一月，吳子執鍾吳子，……。徐子章禹斷其髮，攜其夫人，以逆吳子。吳子唁而送之，使其邇臣從之，遂奔楚。……」

9　日‧瀧川龜太郎《史記會注考證‧吳太伯世家》：「三年，吳王闔廬與子胥、伯嚭將兵伐楚，拔舒，殺吳亡將二公子。光謀欲入郢，將軍孫武曰：『民勞，未可，待之。』」

10　《宋本十一家注孫子‧計》：「兵者，詭道也。故能而示之不能，用而示之不用，……，怒而撓之，卑而驕之，佚而勞之，……。」

11　《春秋左傳正義‧昭公三十年》：「吳子問于伍員曰：『初而言伐楚，余知其可也，而恐其使余往也，又惡人之有余之功也。今余將自有之矣，伐楚如何？』對曰：『楚執政眾而乖，莫適任患。若為三師以肄焉，一師至，彼必皆出。……』。」

由于孫武、伍員所擬定的策略：是把「疲敵」作爲削弱並誘使敵軍失誤，其目的在條件成熟時進行主力決戰，以獲得最后勝利[12]，因戰法獨創，戰技新穎，致楚國漸感難以應付，到闔廬九年（B.C 506），在孫武令文齊武練兵下，建立了一支戰鬥意志高昂的勁旅，〈律書〉[13]云：

> 吳用孫武，申明軍約，賞罰必信，卒伯諸侯，……。

如《呂氏春秋·上德》[14]云：

> 闔廬之教，孫、吳之兵，不能當矣。

在行動前，闔廬、伍員、孫武制定了周密的戰略部署：「悉與師」與楚決戰；在外交上，採取「聯合唐、蔡」之「三國合謀伐楚」的聯盟戰略；在戰場上，採取「虛實」謀略，以「興師救蔡」爲虛，「攻破郢都」爲實，首戰即採「誘敵深入」[15]之戰術，〈伍子胥列傳〉[16]云：

> 二子對曰：楚將囊瓦貪，而唐、蔡皆怨之。王必欲大伐之，必先得唐、蔡乃可。

闔廬聽從其計，吳軍乘舟溯淮而上，捨舟而行，通過漢東隘道，

---

12 中國人民革命軍事博物館編著《中國戰爭發展史·軍制發展兵學成熟的車戰時代 —— 春秋時期》p.81，北京：人民出版社，2001 年 12 月。

13 日·瀧川龜太郎《史記會注考證·律書第三》：「自是之后，名士迭興，晉用咎犯，而齊用王子，吳用孫武，申明軍約，賞罰必信，卒伯諸侯，兼列邦土，……。」

14 《呂氏春秋新校釋·離俗覽·上德》：「爲天下及國，莫如以德，莫如以義。……；太華之高，會稽之險，不能障矣；闔廬之教，孫、吳之兵，不能當矣。」p.1264。

15 秦彥士《諸子學與先秦社會·先秦戰爭與諸子的理性思考》p.173。

16 日·瀧川龜太郎《史記會注考證·伍子胥列傳》：「九年，吳王闔廬謂子胥、孫武曰：『始子言郢未可入，今果何如？』二子對曰：『楚將囊瓦貪，……。』」

直趨楚都。為打勝這一仗，其挑兵選鋒標準依〈簡選〉[17]云：

> 吳闔廬選多力者五百人，利趾者三千人，以為前陣，……。

象徵勇士們著堅甲、執利器奮力向前，其勢銳無比、猛不可當，英勇情景如《墨子·非攻》[18]云：

> 古者吳闔廬教七年，奉甲執兵，奔三百里而舍焉。

楚聞吳師來犯，亦發兵渡漢水拒之，兩軍在大、小別山進行了「三戰」，楚師皆不利，《左傳·定公四年》[19]云：

> 冬，蔡侯、吳子、唐侯伐楚。……。左司馬戌謂子常曰：子沿漢而與之上下，我悉方城外以毀其舟，還塞大隧、直轅、冥阨。……乃濟漢而陳，自小別而至于大別。三戰，子常知不可，欲奔。

緊接吳、楚兩軍相峙于柏舉，依《左傳》云：

> 十一月庚午，二師陳于柏舉。闔廬之弟夫概王，晨請於闔廬曰：楚瓦不仁，其臣莫有死志。先伐之，其卒必奔。而后大師繼之，必克！弗許。夫概王曰：所謂臣義而行，不待命者，其此之謂也。今日我死，楚可入也。以其屬五千，先擊子常之卒。子常之卒奔，楚師亂，吳師大敗之。……。吳從楚師，及清發，將擊之。夫概王曰：困獸猶鬥，況人乎？若知不免而致死，必敗我；若使先濟者知免，后者慕之，蔑有鬥心矣。半濟而后可擊

17　《呂氏春秋新校釋·仲秋紀·簡選》：「吳闔廬選多力者五百人，利趾者三千人，以為前陳，與荊戰，五戰五勝，遂有郢。」p.446。

18　清·孫詒讓著、孫以楷點校《墨子閒詁·非攻·中》：「子墨子言曰：『子雖能收用子之眾，子豈若古者吳闔廬哉？古者吳闔廬教七年，奉甲執兵，奔三百里而舍焉。次注林，出于冥隘之徑，戰于柏舉，中楚國而朝宋與及魯。……』」p.124，台北：華正書局，1987年3月。

19　《春秋左傳正義·定公四年》：「……。冬，蔡侯、吳子、唐侯伐楚。舍舟于淮汭，自豫章與楚夾漢。左司馬戌謂子常曰：『子沿漢而與之上下，……。子濟漢而伐之，我自后擊之，必大敗之。』……。」

> 也。從之。又敗之。楚人為食，吳人及之，奔，食而從之。敗
> 諸雍澨。五戰及郢。

對于這次戰爭的過程，《左傳》有著細緻生動的描述，在孫武、
伍員、闔王的直接指揮之下，經過了五次大戰，以三萬之徒破楚
二十萬之眾，從柏舉之戰起，前后只用了十天，就攻入了楚都。
在破楚入郢戰中，吳國冒了極大的風險，卻取得了令人難以置信
的輝煌勝利，堪稱「東周時期第一大戰爭」[20]，《尉繚子・制談》
[21]云：

> 有提三萬之眾而天下莫當者，誰？曰：武子也。

上例即針對此戰而言，又如：

> 故知戰之地，知戰之日，則可千里而會戰。

孫武在〈虛實〉[22]中似形容柏舉之實況，從雙方兵力對比：楚國
有二十萬大軍，是以眾迎弱；從戰略態勢上看：吳國傾國遠征，
千里赴戰，就楚國而言是以逸待勞；所以吳國要取勝，必須以謀
略為先[23]，例如吳軍不是西向正面攻堅，而是先採大軍迂迴北上，
形成「援蔡」假相，俟至「蔡」境后，并不停留，晝夜兼程，向
漢水北岸挺進，當吳、楚兩軍隔漢水相峙，子常誤以為吳軍遠征，
師老兵疲，利在速戰，而孫武干冒兵家大忌，卻按兵不動，誘使

---

20 參見張文儒《中國兵學文化・孫武的軍事業績及孫子兵法問世》p.14，北京：
　北京大學出版社，2000 年 1 月。
21 陽明先生手批《武經七書・尉繚子・制談》：「有提七萬之眾而天下莫當
　者，誰？曰：吳起也；有提三萬之眾而天下莫當者，……。今天下諸國士，
　所率無不及二十萬之眾者，然不能濟功名者，不明乎禁舍開塞也。」p.324，
　台北：三軍大學景印，1976 年 6 月。
22 《宋本十一家注孫子・虛實》：「故知戰之地，知戰之日，則可千里而會
　戰。不知戰地，不知戰日，則左不能救右，……。」
23 龔留柱《元典文化叢書・武學聖典 —— 孫子兵法與中國文化》p.28，開封：
　河南大學出版社，1997 年 6 月。

左司馬戌率兵繞道，形成楚軍兵力分離，改變了主戰場敵我眾寡懸殊之勢，而后伺機突穿猛攻。此戰，楚國幾瀕于滅亡，后因申包胥哭求秦國出兵，才得以倖存。

探討吳國致勝之因：全賴謀臣孫武能因敵用兵，採以少勝多、迂迴奔襲、后退疲敵、尋機決戰、深遠追擊等戰法而大獲全勝。以吳軍追擊至清發水爲例：讓敵人半渡后擊殲其餘，即符合兵法「歸師勿遏，圍師必闕，窮寇勿迫」[24]的思想。因爲潰敗之敵，其指揮體系混亂，軍心渙散，倘能善選渡河點，渡河后實施平行追擊，超越猛攻，則敵人損失將形加重，崩潰亦指日可待，足證近代類似軍事行動中無不傾全力實施平行或超越攻擊，選定深遠而適當之目標，以期在該目標之前使敵無法立足，而予以捕殲[25]。

「柏舉」一役，是個創舉，是勝于孫武「料敵制勝，計險阨遠近」；而楚軍之失敗，則敗于既不能料敵，又不能「阨險隘，計遠近」。是役締造了春秋時期深入敵地千里、遠程戰略機動、攻克大國首都的第一個戰例，中原各國爲之震動，不得不重新評估這個被視爲蠻夷之邦的新興吳國[26]。

24　《宋本十一家注孫子・軍爭》：「故用兵之法，高陵勿向，背丘勿逆，佯北勿從，……，歸師勿遏，圍師必闕，窮寇勿迫。」
25　《陸軍作戰要綱 —— 聯合兵種指揮・作戰・追擊》p.5-74，龍潭：陸軍總司令部，1990 年 6 月。
26　中國人民革命軍事博物館編著《中國戰爭發展史・軍制發展兵學成熟的車戰時代 —— 春秋時期》p.81 北京：人民出版社，2001 年 12 月。

貳　南伏頑越

越國爲夏禹之后裔，〈越王句踐世家〉[27]云：

> 其先禹之苗裔，而夏后帝少康庶子也。……。后二十餘世，至
> 于允常。允常之時，與吳王闔廬戰而相怨伐。……。

吳、越兩國相鄰，其相怨伐之因，在內：因雙方國力漸強，有著
開拓疆土的需求，在外：則受晉、楚爭霸，晉景公採納楚國叛臣
申公巫臣聯吳制楚的戰略，楚亦聯越制吳，意圖相互牽制，遂而
相互征伐。然吳國自破楚入郢后，威震華夏，闔廬爲求鞏固與擴
大霸業，決心消除后患，始能驅兵北上逐鹿中原。自此，吳、越
間爆發了一系列的戰爭，如《左傳・昭公三十二年》[28]云：「夏，
吳伐越，……。史墨曰：不及四十年，越其有吳乎。越得歲而吳
伐之，必受其凶。」史墨依星相所做的預測，在其后的吳、越關
係中竟然得到應驗。雙方作戰結果，如〈闔廬內傳〉[29]云：

> 吳王以越不從伐楚，南伐越。……闔廬不然其言，遂伐，破檇
> 李。

俟魯定公五年（B.C 505），越王允常聞吳軍入郢，國內空虛，乘
機襲吳，致其受很大的破壞。

　　后因允常新喪，越國內部騷動，新即位的句踐年輕稚弱，闔
廬爲報夙仇，乘喪伐越，雙方作戰《左傳・定公十四年》云：

27　日・瀧川龜太郎《史記會注考證・越王句踐世家》：「越王句踐，其先禹
　　之苗裔，……。封于會稽，以奉禹之祀。文身斷髮，披草萊而邑焉。后二
　　十餘世，……。」
28　《春秋左傳正義・昭公三十二年》：「夏，吳伐越，始用師于越也。史墨
　　曰：『不及四十年，……。』」
29　《吳越春秋・闔廬內傳》：「五年，吳王以越不從伐楚，南伐越。越王元
　　常曰：『吳不信前日之盟，棄貢賜之國而滅其交親。』……。」

> 吳伐越。越子句踐禦之,陳于檇李。句踐患吳之整也,……。
> 靈姑浮以戈擊闔廬,闔廬傷將指,取其一屨。還,卒于陘,去
> 檇李七里。夫差使人立于庭,苟出入,必謂己曰:夫差,而忘
> 越王之殺而父乎?則對曰:唯,不敢忘!三年乃報越。

其意指:闔廬去世后,由太子夫差繼任,他念念不忘闔廬臨終的
遺言,立志報仇雪恨,孫武、伍員等大臣繼續輔佐,加強軍事訓
練,如《說苑》[30]云:「習戰射。」終向越國發動攻擊,雙方作
戰可從《越絕書·記地傳》[31]中一窺究竟,如:

> 變為奇謀,或北或南,夜舉火擊鼓,晝陳詐兵。越師潰墜,政
> 令不行,背叛乖離。……。

從魯昭公三十年(B.C 512)孫武當上吳國的將軍,經過了近二十
寒暑辛苦經營,到魯哀公元年(B.C 494),終于降伏南方世仇,
孫武與伍員是知交,在南伏越人的過程中,伍員固然是頭功,據
合理解釋:孫武理應出奇獻策,功勳卓著。

參 北威齊晉

　　伏越后,吳遂向中原擴展勢力,特別是齊、晉兩國,是吳國
爭霸的主要對象。在闔廬伐楚后曾「復謀伐齊」[32],吳攻齊,曾
取得大勝[33],齊景公迫于吳國的威勢,不得不將女兒作爲人質,

---

30 漢·劉向撰、向宗魯校證《說苑校證·正諫》:「……。夫差既立爲王,
　　以伯嚭爲太宰,習戰射,三年,伐越,敗越于夫湫。……」p.228,北京:
　　中華書局,1987 年 7 月。
31 漢·袁康、吳平撰《越絕書·越絕外傳記地傳》:「子胥獨見可奪之證,
　　變爲奇謀,或北或南,……。還報其王,王殺買,謝其師,號聲聞吳。」
32 《吳越春秋·闔廬內傳》:「諸將既從還楚,因更名閶門曰破楚門。復謀
　　伐齊,齊子使女爲質于吳,……」p.118。
33 《越絕書·越絕外傳記吳地傳》:「齊門,闔廬伐齊,大克,取齊王女爲
　　質子,……。」p.40。

并嫁給吳太子（或說闔廬）爲妻，〈權謀〉[34]云：

> 公曰：……。且夫吳，若蜂蠆然，不棄毒于人則不靜，余恐棄
> 毒于我也。遂遺之。

又如《呂氏春秋》亦曾提到吳國向北用兵，〈簡選〉[35]云：

> 吳闔廬選多力者五百人，……。東征至于庳廬，西伐至于巴、
> 蜀，北迫齊、晉，令行中國。

由前例得知：闔廬時似曾對中原用兵，并對齊、晉形成威脅，合理推測，孫武必然參預謀劃。

　　然夫差南服頑越后，亦循闔廬進圖中原稱霸之路線，魯哀公九年（B.C 486）云：「秋，吳城邗，溝通江、淮[36]。」隔二年，《史記・仲尼弟子列傳》[37]云：

> 吳王許諾，乃謝越王。于是吳王乃遂發九郡兵伐齊。

又如《左傳・哀公十一年》[38]云：

> 甲戌，戰于艾陵。……，大敗齊師。獲國書、公孫夏……，革
> 車八百乘，甲首三千，以獻于公。

越二年，吳國循水路北上，抵達黃池，與晉、魯會盟，夫差憑藉強大的軍力爲后盾，終得霸主地位。

34　《說苑校證・權謀》：「公曰：『余有齊國之固，不能以令諸侯，又不能
　　聽，是生亂也。寡人聞之，不能令則莫若從。且夫吳，若蜂蠆然，……。』」
　　p.335。
35　《呂氏春秋新校釋・仲秋紀第八・簡選》：「吳闔廬選力者五百人，利趾
　　者三千人，以爲前陳，與荆戰，五戰五勝，遂有郢。……，北迫齊、晉，
　　令行中國。」p.446。
36　《春秋左傳正義・哀公九年》
37　日・瀧川龜太郎《史記會注考證・仲尼弟子列傳》：「子貢曰：『不可・
　　夫空人之國，悉人之眾，又從其君，不義。君受其幣，許其師，而辭其君。』
　　吳王許諾，乃謝越王。……」
38　《春秋左傳正義・哀公十一年》：「甲戌，……。展如敗高子，國子敗胥
　　門巢。王卒助之，……，革車八百乘，甲首三千，以獻于公。」

　　由以上吳國一連向北展示軍威，攻齊取勝與晉爭霸等事，依據史載：孫武並沒有直接參加。雖然部份學者持有不同看法：近人郭化若《孫子譯注》[39]云：

> 按「北威齊晉」當係指哀公十一年（B.C484）艾陵之戰，吳軍戰敗了齊軍，哀公十三年（B.C.482）黃池會盟，吳國奪取了晉國霸主地位。

這個說法值得商榷：因為艾陵之戰，孫武的好友伍員是反對的，如〈夫差內傳〉[40]云：：

> 乃進諫曰：越在心腹之病，不前除其疾。……，譬由磐石之田，無立其苗也。願王釋齊而前越。不然，悔之無及。吳王不聽……。

而黃池盟會時間係在伍員被殺之后，孫武應不可能為夫差效勞。所以《史記》之〈孫子吳起列傳〉、〈伍子胥列傳〉所提：「北威齊晉。」據合理解釋：應屬闔廬時期對齊、晉之用兵，而在夫差前期，孫武在吳國協助訓練軍隊和策謀行動，為爾后之「艾陵勝齊」及「黃池威晉」，奠下良好的礎石。

第二節　《孫子》思想的侷限

　　《孫子》中主要內容是孫武的戰略、經濟和哲學思想。例如「知彼知己，百戰不殆」[41]、「攻其無備，出其不意」[42]、「致

39　郭化若《中華古籍譯注叢書‧孫子譯注‧前言》p.25，上海：上海古籍出版社，2003 年 9 月。

40　《吳越春秋‧夫差內傳》：「王信用嚭之計，伍胥大懼，曰：『是棄吾也。』乃進諫曰：『……今信浮辭偽詐而貪齊。破齊，譬由磐石之田，……。』」

41　《宋本十一家注孫子‧謀攻》「故曰：『知彼知己者，百戰不殆；不知彼

人而不致于人」[43]等卓越的戰略思想與「敵佚能勞之，飽能饑之，安能動之」[44]、「智者之慮，必雜于利害」[45]、「亂生于治，怯生于勇，弱生于強」[46]等樸素的軍事辯證法，這些都是《孫子》的精華核心[47]，它是經由無數次戰爭經驗的積累和偉大的軍事家對此作了精闢的總結，再經過戰爭實踐的洗禮后，錘鍊出嚴密的軍事理論。然隨時代更迭、戰爭頻繁，加上諸子百家爭鳴的影響，自有其缺陷及窒礙難行之處，勢無法放諸四海，謹分別臚列侷限如次：

壹　軍事思想之侷限

一、君命將令、權責未明

　　《孫子》全書中對于軍政關係未予重視：如對于「主」與「將」的關係，未提出積極的意見，更遑論對政治家應如何指導戰爭，也未作詳盡的分析，僅寥寥數語帶過，如〈計〉中提出「主孰有道」的評估與〈謀攻〉中提出「君之所以患于軍者」的警告；以及在〈九變〉、〈地形〉中強調「君命有所不受」等，孫武僅呈現消極的面對，而缺乏積極的重視。例如：在從事「廟算」時所

而知己，一勝一負；……。』」

42　《宋本十一家注孫子‧計》：「攻其無備，出其不意。此兵家之勝，不可先傳也。」

43　《宋本十一家注孫子‧虛實》：「故善戰者，致人而不致于人。」

44　《宋本十一家注孫子‧虛實》：「能使敵人自至者，利之也；能使敵人不得至者；害之也。故敵佚能勞之，……。」

45　《宋本十一家注孫子‧九變》：「是故智者之慮，必雜以利害。雜于利，而務可信也；雜于害，而患可解也。」

46　《宋本十一家注孫子‧勢》：「亂生于治，怯生于勇，弱生于強。治亂，數也；勇怯，勢也；強弱，形也。」

47　郭化若《中華古籍譯注叢書‧孫子譯注‧再版的話》p.31。

考量的首要問題只侷限于「主孰有道」，換言之，他似乎認為政府對戰爭的準備，其應負之責任不過如此。能否「令民與上同意」，對于應否從事戰爭的決定，固然是重要的因素，但「主」所應負的責任應該還有更積極的部份。孫武身為上古軍事理論、作戰經驗之總結者，必然對春秋列強爭霸的淵源瞭如指掌，就以晉、楚城濮之戰為例：晉文公與楚成王對于戰爭的指導，兩者迥然不同，《左傳·僖公二十七年》[48]云：

> 晉侯始入教其民，……。于是乎出定襄王，入務利民，民懷生矣，將用之。……于是乎大蒐以示之禮，作執秩以正其官，民聽不惑而后用之。出穀戍，釋宋圍，一戰而霸，文之教也。

晉文公在成霸之前，幾乎無役不克，全心投入，雖初慮事則敬慎，然勇任事則無懼，顯示其對戰爭的掌握與積極的參與[49]，此似與孫武所提「君命有所不受」、「君之所以患于軍者」等情形相背，在十三篇中，孫子並未提及主政者在戰爭所扮演的角色，祇是希望避免不合理的干涉，鈕先鍾在《孫子三論》[50]云：

> 雖然《孫子》書中曾一再提到明君賢（良）將，但實際上，他對于將道作相當深入的分析，但對于君（主）道則幾乎很少論及。這也很像近代西方職業軍人一樣，把他們思想侷限在所謂純軍事的領域之內。

鈕氏意指：孫武期望中的「將」是技術官僚，具專業化，而不受外力的掣肘，然與《左傳》一書中：戎事鮮少不由國君親統率之

---

48 《春秋左傳正義·僖公二十七年》：「晉侯始入教其民，二年欲用之。子犯曰：民未知義，未安其居。于是乎出定襄王，入務利民，……。」
49 鈕先鍾《歷史與戰略·中西軍事史新論·論晉楚城濮之戰》p.16，台北：麥田出版公司，1997年5月。
50 鈕先鍾《孫子三論·孫子的缺失·戰爭與政治》p.318，台北：麥田出版公司，1997年9月。

者，抑或國君不親行，則多著重于中軍，而上軍、下軍皆聽命于中軍者之事實不符[51]。

二、重利輕義、趨視結果

先秦諸子對于戰爭的態度各有所好惡，概括言之：如道家反對一切戰爭，儒家和墨家則抵制侵略戰爭。他們都反對用武力來從事侵略或擴張，而只同意用武力反侵略，此爲「義戰」[52]，即興師之目的：主要在于禁暴制亂，所謂「威不軌而昭文德」；如不能以德恤民，趁機挑釁，企圖用戰爭解決爭端，則無異于玩火自焚。而法家最爲晚出，其對戰爭態度與他家相左。其不祗不反對戰爭，反而將「戰爭」視爲工具，崇尚暴力，鼓勵侵略。孫武對戰爭的態度可謂獨樹一格；與儒、墨、道、法四家迥然不同，他既不反戰，也不好戰。他並不認爲戰爭本質有所謂善惡之分，他的思想中也無「義戰」觀念存在。簡言之，孫武對于戰爭的態度則保持著中立的地位，他只是單純把戰爭視爲一種政策工具[53]，自然視士卒如「群羊」，〈九地〉[54]云：

> 將軍之事，靜以幽，正以治。能愚士卒之耳目，使之無知。易其事，革其謀，使人無識。……帥與之深入諸侯之地，而發其機，焚舟破釜，若驅群羊而往，驅而來，莫知所之。……。

孫武論「爲將之道」提及「能愚士卒之耳目」、「使之無知」、「使人無識」、「莫知所之」等，卻與〈地形〉中提到「視卒如

---

51 中國人民革命軍事博物館編著《中國戰爭發展史‧軍制發展兵學成熟的車戰時代 —— 春秋時期》p.61。

52 《孟子注疏‧盡心下》：「孟子曰：『春秋無義戰。彼善于此，則有之矣。征者，上伐下也，敵國不相征也。』」

53 鈕先鍾《孫子三論‧孫子的缺失‧戰爭與道義》p.323。

54 《宋本十一家注孫子‧九地》：「將軍之事，靜以幽，正以治。能愚士卒之耳目，使之無知。……帥與之深入諸侯之地，而發其機，……。聚三軍之眾，投之于險，此謂將軍之事也。」

嬰兒」、「視卒如愛子」有著相當程度的差異，表面上似乎無視士卒的貢獻，抹煞了他們的創造力與積極性，對發揮其潛能是無益處，若作深入的探討：孫武視「人」在戰爭，僅爲「工具」角色，並把「士卒」當成邁向勝利的棋子；而過于重視戰爭的結果，卻忽略了作戰過程中，戰爭的核心價值與人、事、物間的互動，而「視卒如嬰兒」、「視卒如愛子」，亦不過是其帶兵、練兵、用兵過程中的手段罷了。

　　孫武之治軍方法則與老子頗爲相似，《老子・六十五章》[55]云：

　　　　古之善爲道者，非以明民，將以愚之。

上例中體現《老子》輕視人民的愚民思想，其主張「愚民」以便于「治民」，而孫武主張「愚士卒」以便于「治軍」，故于《老子・三章》[56]云：

　　　　是以聖人之治也，虛其心，實其腹，弱其志，強其骨，常使民無知無欲。

這與〈老子・六十五章〉的觀點是一致的，也相互補充，足可證明：老子之「愚民政策」與孫武間有著思想淵源，在〈計〉云：「將者，智、信、仁、勇、嚴。」孫武將「仁」列爲五德之中，但他在〈九變〉云：「故將有五危：必死，可殺也，……；愛民，可煩也。凡此五者，將之過也，用兵之災也。」他把「愛民可煩」視爲五危之一，適足于印證出：孫武不反對道德，但道德的考量則不能損及國家（國君）利益。

　　《孫子》的作戰基本原則是「合于利而動，不合于利而止」

55　魏・王弼注、明・孫鑛評、嚴靈峰編輯《老列莊三子集成補編・老子道德真經・三十一章》：「古之善爲道者，非以明民，……。民以難治，以其知之。」p.124，台北：成文出版社，1982 年 10 月。

56　《老子道德真經・三章》：「是以聖人之治也，虛其心，實其腹，……。使夫智者不敢爲也，爲無爲，則無不治。」p.170。

57。可是荀子卻持不同想法：他認為用兵的目的是濟仁義之窮，所以非不得已而用之；而孫武則抱持著仁義是被動用來彌補用兵之不足，僅在必要時始能用之，這也是先秦儒家與兵家在基本認知的差異。至于對士卒「登高去其梯」、「焚舟破釜」、「投之亡地」58，這樣以斷絕士卒的退路，冀激發其置之死地而后生，為追求勝利而駕馭無知的士卒，投向莫測的前方等，就儒家立場而言：孫武兵學似乎重利而輕義，甚至有著見利而忘義的態度。

三、偏重速決、提倡攻勢

《孫子》是小國欲與大國間爭霸戰爭的結晶，受制于小國寡民，因此在戰略上力主攻勢，它的攻勢戰略思想有著三項特點59：

（一）速戰速決

孫武在前人軍事經濟思想的基礎上，體認到戰爭與經濟的關係，認為以「十萬之師」，遠征他國，要「日費千金」，以春秋時代的生產能力而言；任何一個國家都經不起長期戰爭的損耗，〈作戰〉60云：

> 故兵貴勝，不貴久。

故引申出：

> 久暴師則國用不足，夫鈍兵、挫銳、屈力、殫貨，則諸侯乘其弊而起，雖有智者，不能善其后矣。故兵聞拙速，未睹巧之久

---

57 《宋本十一家注孫子‧九地》：「所謂古之善用兵者，能使敵人前后不相及，⋯⋯，卒離而不集，兵合而不齊。合于利而動，不合于利而止。」

58 《宋本十一家注孫子‧九地》：「帥與之期，如登高而去其梯。帥與之深入諸侯之地，而發其機，焚舟破釜，⋯⋯。投之亡地然后存，陷之死地然后生。⋯⋯。」

59 中國人民革命軍事博物館編著《中國戰爭發展史‧軍制發展兵學成熟的車戰時代 —— 春秋時期》p.86。

60 《宋本十一家注孫子‧作戰》：「故兵貴勝，不貴久。故知兵之將，民之司命，國家安危之主也。」

也。夫兵久而國利者，未之有也[61]。

其意指：軍隊遠征在外，如曠日持久，不僅消耗國力，影響生產，而且易爲他國所乘，有陷于兩面作戰的危機，所以必須速戰速決。

（二）因糧于敵

軍隊作戰，離不開糧食，假設「甲士十萬」將遠征他國，如依賴國內「千里饋糧」，〈用間〉[62]云：

> 凡興師十萬，出征千里，百姓之費，公家之奉，日費千金。內外騷動，怠于道路，不得操事者七十萬家，……。

上例意指：戰時軍用之繁重，引起社會上騷動與不安，且以運轉補給疲怠于道途，不能從事生產之庶民約爲遠征軍七倍以上，除將增加國家經濟負擔，更加重了人民的徭役，倘使能夠在作戰地區就地籌糧，除可以減輕負擔，進而轉化敵人資源爲我所用。

（三）深入遠襲

春秋的戰爭，大多一戰定勝負，而且當時各國，雖在邊境要地修城建塞，駐軍屯戍，但爲數甚少，戒備不嚴，所謂國界也不似今日那麼明顯。爲達速戰速決目標，《孫子》強調深入敵國腹地的遠程奔襲作戰，反對在敵國邊境滯留，甚至對敵邊境城塞，也主張無攻，要求一旦進入敵境，就要像「脫兔」一樣地機動至敵國腹地 ——「重地」，使敵不及拒。「出其不意，攻其無備」的遠程突襲，可以達到「並敵一向，千里殺將」[63]一戰而勝。正

---

61 《宋本十一家注孫子·作戰》：「其用戰也，勝久則鈍兵挫銳，攻城則力屈，久暴師則國用不足。夫鈍兵、挫銳、屈力、殫貨，則諸侯乘其弊而起，……。故不盡知用兵之害者，則不能盡知用兵之利也。」

62 《宋本十一家注孫子·用間》：「孫子曰：『凡興師十萬，出征千里，百姓之費，公家之奉，日費千金。……，相守數年，以爭一日之勝，……。』」

63 《宋本十一家注孫子·九地》：「故爲兵之事，在于順詳敵之意，並敵一向，千里殺將，此謂巧能成事者也。」

因如此《孫子》中特別重視地形在軍事上的運用，〈地形〉[64]云：

> 夫地形者，兵之助也。料敵制勝，計險阨遠近，上將之道也。

所以熟悉作戰地之「山林」、「險阻」、「沮澤」等乃我軍深入敵境遠襲之必備條件。

總結以上三項攻略思想是孫武爲「小而強」的國家，欲對外征戰所精心設計之作戰原則，然在力、空、時互位的驗證，卻暴露出相關迷思，謹臚列如后：

1．重視速決、忌憚持久

在《孫子》說明速決與勝利關係時，〈作戰〉[65]云：

> 兵聞拙速，未睹巧之久也。夫兵久而國利者，未之有也。……
> 故兵貴勝，不貴久。

若我們從實況分析：一個強大國家攻打一個弱小國家，當然以速勝爲佳；倘使一個大卻弱的國家抵抗一個小而強的國家的進攻，那就不能速勝，只能採持久戰，藉消耗敵力而逐漸恢復我方的力量，在不斷累積小勝過程中，爭取總體力量由量變遞化成質變，從而贏得最后的勝利。就以近代戰例而言：中日八年戰爭便是最佳寫照，在通過持久的堅持，能以空間換取時間，才取得抗戰最后勝利。當然，在戰略上的持久並不排斥戰術上的速勝，它們之間是相輔相成，互相支持，而作戰速度的快慢，究竟何者有利，則視具體情況而定，而非一昧速求。

2．爭利取勝、欠缺彈性

孫武在兩軍對陳時，提出用兵「八戒」，冀圖在戰爭迷霧中，

---

64 《宋本十一家注孫子·形》：「夫地形者，兵之助也。料敵制勝，計險阨遠近，上將之道也。知此而用戰者必勝，……。」
65 《宋本十一家注孫子·作戰》：「故兵聞拙速，未睹巧之久也。夫兵久而國利者，未之有也。故不盡知用兵之害者，……。」

爭取我軍主動，〈軍爭〉[66]云：

> 高陵勿向，背丘勿逆，……，……，餌兵勿食，歸師勿遏，圍
> 師必闕，窮寇勿迫。

以上例所提作戰原則：就戰場力、空、時而言，有其偏頗可議之
處：如「高陵勿向」、「背丘勿逆」，若就現代精準的武器和強
大的火力配合下，則「高陵」、「背丘」是可以「向」與「逆」。
而「歸師勿遏」在當時已富爭議，如《左傳·僖公三十三年》[67]云：
「敗秦師于殽」：晉國在秦師班師回國途中，在殽山險要地帶進
行伏擊，幾使秦軍覆滅，是役並俘獲秦將百里、孟明視、西乞術、
白乙丙以歸。其針對「歸師」，適利用其歸國時，軍心懈怠、無
心戀戰、出其不意、將其攔截，順勢擊潰，就當時所見，與孫武
所提「歸師勿遏」之旨相背。另提「圍師必闕」，在現代條件下，
對于包圍的敵人，正好可以運用強大兵力將其圍殲，根本不須網
開一面。至于「窮寇勿迫」，更有討論空間，《陸軍作戰要綱
── 聯合兵種指揮》[68]云：

> 為達迅速捕殲敵軍之目的，務在地面及空中，行廣正面而深遠
> 之突進或迂迴，予敵最大壓力，不使喘息，……，或將其壓迫
> 于地障或背后連絡線以外而擊滅之。

若當面之敵正處于窮途末路，其部隊潰散，驚恐萬分，喪失抵抗
意志時，則賢將應激勵所屬奮勇追擊，迫其投降。

66　《宋本十一家注孫子·軍爭》：「故用兵之法，高陵勿向，背丘勿逆，佯
　　北勿從，……。此用兵之法也。」
67　《春秋左傳正義·僖公三十三年》：「夏四月辛巳，敗秦師于殽，獲百里、
　　孟明視、西乞術、白乙丙以歸。……」
68　《陸軍作戰要綱 ── 聯合兵種指揮·作戰·追擊》p.5-73。

3．強調伐謀、忽視攻城

〈謀攻〉[69]云：「故上兵伐謀，其次伐交，其次伐兵，其下攻城；攻城之法，爲不得已。」孫武一再認爲攻城既費力，損失又大，是「攻之災」也。然事實上，在《春秋左傳》中，多有攻城戰例，《左傳·僖公二十八年》[70]云：

> 晉侯圍曹，門焉，多死。曹人尸諸城上，晉侯患之。聽輿人之謀稱舍于墓。……，三月丙午，入曹。

如《左傳·成公二年》[71]云：

> 齊侯伐我北鄙，圍龍。頃公之嬖人盧蒲就魁門焉。龍人囚之。……。齊侯親鼓，士陵城，三日，取龍。

因龍人殺了齊頃公之嬖人，齊侯親自擊鼓，士氣大振，只用了三天攻取「龍」。另《左傳·襄公十九年》[72]：齊侯攻高唐之例，又如《左傳·昭公十九年》[73]云：

> 秋，齊高發帥師伐莒，莒子奔紀鄣。使孫書伐之。……。登者六十人，縋絕，師鼓譟。……，莒共公懼，啟西門而出。七月丙子，齊師入紀。

由上得知：春秋時代已有不少以智取勝、聲勢奪人，攻克敵城的實例。所以孫武認爲「攻城則力屈」，因時間拖久而戰損變大，

69　《宋本十一家注孫子·謀攻》：「故上兵伐謀，其次伐交，其下攻城；攻城之法，爲不得已。」

70　《春秋左傳正義·僖公二十八年》：「晉侯圍曹，……『舍于墓。』師遷焉，曹人凶懼，爲其所得者棺而出之。因其凶也而攻之。三月丙午，……。」

71　《春秋左傳正義·定公二年》：「二年春，齊侯伐我北鄙。……。齊侯曰：『勿殺！吾與之而盟，無入而封！』弗聽，殺而膊諸城上。齊侯親鼓，……。」

72　《春秋左傳正義·襄公十九年》：「齊慶封圍高唐，弗克。冬十一月，齊侯圍之，……，食高唐人。殖綽、工僂會夜縋納師，……。」

73　《春秋左傳正義·昭公十九年》：「秋，齊高發帥師伐莒。莒子奔紀鄣。……。及師至，則投諸外。或獻諸子占。子占使師追縋而登。……。」

反對在任何條件下攻城的侷限思想，則應爲片面性，除不僅缺乏彈性，且不符現況。

貳　經濟思想之侷限

在鈕先鍾《孫子三論》[74]云：「孫子可能是全世界上第一位注意到戰爭與經濟之間具有密切關係的思想家。」在〈作戰〉中是闡明作戰準備，即「備戰」篇專論經濟與戰爭的關係，如當代英國學者保羅・甘迺迪（Paul. Kennedy）所寫的《大國的興衰》（The Rise and Fall of the Great Powers）一書爲西方研討戰爭與經濟之間關係的名著。其根據最近五百年來西方歷史之研究而獲得的結論，可以說是與《孫子》所見不謀而合。《孫子》則比他還早了兩千年[75]，其中「兵聞拙速，未睹巧之久矣」是至理名言，〈作戰〉云：

> 孫子曰：凡用兵之法，……千里饋糧；則內外之費，賓客之用，膠漆之材，車甲之奉，日費千金，……。故兵聞拙速，未睹巧之久也。夫兵久而國利者，未之有也。……。
>
> 善用兵者，役不再籍，糧不三載；取用于國，因糧于敵，故軍食可足也。
>
> 國之貧于師者遠輸，遠輸則百姓貧。近于師者貴賣，貴賣則百姓財竭，財竭則急于丘役。力屈、財殫，中原內虛于家。……故智將務食于敵，食敵一鍾，當吾二十鍾；萁秆一石，當吾二十石。

孫武在〈作戰〉對此問題作過客觀具體的剖析；奧國名將莫德古里氏亦提出：「作戰之第一要素曰金錢，第二要素曰金錢，第三

---

[74] 鈕先鍾《孫子三論・孫子的缺失・大戰略與經濟》p.319。
[75] 轉引自鈕先鍾《孫子三論・作戰篇》p.55。

要素亦曰金錢[76]。」兩者間有著異曲同工之效。戰爭即是打物資、金錢。因為軍人是世界上第一等的消耗者，軍隊愈多，消耗愈大；戰期愈久，損耗亦愈鉅，〈作戰〉自頭自尾，所述均屬戰爭之經濟問題，由此可以看出其對戰時經濟的重視，因為經濟問題如果沒有妥善處理，則戰爭即無法發動。《孫子》雖然重視戰爭與經濟的關係，而且深刻體會到「經濟」為國力的基礎，但令人費解的是；他與先秦諸子間有著不同的看法，且有明顯侷限，如：

一、過於重利與輕義

在春秋時期，百家爭鳴，究竟利與義孰輕孰重，向來就是爭論焦點。以儒家而言：是重義而輕利。在〈里仁〉[77]云：「君子喻于義，小人喻于利。」又云：「放于利而行，多怨。」孔子反對講利。孟子亦同，如〈梁惠王〉[78]云：「苟為后義而先利，不奪不饜。未有仁而遺其親者也，……。」其大意指：凡事須先將「義」置首位，而不能將「利」倒置于前。而《孫子》中所反映出的看法正恰好相反，在十三篇中「大談其利」或如何獲得最佳的「利」，總共提到「利」字，計五十二次之多，卻絕少提到「義」字，前後僅計一次，〈九地〉[79]云：

> 合于利而動，不合于利而止。

如〈九變〉[80]云：

76　參見李浴日《孫子兵法研究・作戰第二・戰爭與經濟》p.35，台北：黎明文化公司，1986 年 5 月。

77　《論語注疏・里仁》

78　《孟子注疏・梁惠王・上》：「苟為后義而先利，不奪不饜。未有仁而遺其親者也，未有義而后其君者也。……？」

79　《宋本十一家注孫子・九地》：「合利于而動，不合利而止。敢問：『敵眾整而將來，待之若何？』……。」

80　《宋本十一家注孫子・九變》：「是故智者之慮，必雜于利害。雜于利，而務可信也；雜于害，而患可解也。」

必雜于利害。雜于利，而務可信也；⋯⋯。

從上可明確看出《孫子》對「義」與「利」的態度，只要有利可圖，立即採取行動，而不考慮「義」否。儒家的「重義輕利」，則被視爲迂腐且無濟于事，不爲主政者所喜。而《孫子》置「利」于首位，卻往往爲好戰者侵略之行爲，製造有利藉口，也爲綿延不絕的戰爭埋下了伏筆，如吳、楚柏舉之戰，吳攻入郢后，闔廬君臣貪戀楚國宮室寶貨，致多年部署，千里征戰，只爲眼前的「利」，竟「不修其功」，造成楚國的勢力反撲、越國的螳螂在后、加上秦國的勢力干涉等多面受敵，而倉皇退兵，豈不是最佳明證。

二、疏略富國與強兵

《孫子》中並未論及有關富國強兵之道，這似乎難以解釋，因爲春秋末期，列國內求富強圖存、外求兼併爭霸，其間征戰未休，基此，無不網羅人才、整軍經武、利國強民，希立足中原。唯國家于平時應如何厚植國力，孫武幾未提及，然與同時代諸子，能針對此課題多所創見，且著有成效相較下，顯有差距，〈顏淵〉[81]云：

子貢問政。子曰：足食，足兵，民信之矣。

甚至連后世之墨翟，亦有類似主張，如〈節用〉[82]云：

聖人爲政，其發令興事、使民用財也，無不加用而爲者。是故用財不費，民德不勞，其興利多矣！

---

[81]　《論語注疏·顏淵》：「子貢問政。子曰『足食，足兵，民信之矣。』子貢曰：『必不得已而去，于斯三者何先？』曰：『去兵。』子貢曰：『必不得已而去，于斯二者爲先？』⋯⋯。」

[82]　《墨子閒詁·節用·上》：「聖人爲政一國，一國可倍也；大之爲政天下，天下可倍也。其倍之，非外取地也，因其國家，去其無用之費，足以倍之。聖王爲政，其發令興事、使民用財也，⋯⋯。」

上例指：墨翟認為治理國家，應當用財適度，不應浪費民力。相較之下，顯然孫武對于立國的經濟政策未予重視，但他又瞭解經濟對國家安全的重要，尤其在〈作戰〉中，有著令人贊嘆的高見，我們從古代推展至第二次大戰結束，其中有太多的史料可供印證，〈句踐陰謀外傳〉[83]云：

> 二年，越王粟稔，揀擇精粟而蒸，還于吳，復還斗斛之數，亦使大夫種歸于吳王。……于是吳種越粟，粟種殺而無生者，吳民大飢。

歷來吳國尚武，多年對外征戰，軍疲民困，收穫連年不熟，民多怨恨[84]，倘若重視經濟，又怎能同意借粟至越，后因越以熟粟歸吳，致釀大飢，置國家生計于敵手，焉有不滅之理。

三、糧食生產與掠奪

孫武對于軍隊糧食的補充，有其獨特看法：如初至戰場時可由本國供應，唯攻入敵「重地」時，則著眼于掠奪，進而「吾將繼其食」[85]、「掠于饒野，三軍足食」[86]，〈作戰〉[87]云：

> 因糧于敵，故軍食可足也。……。故智將務食于敵，食敵一鍾，當吾二十鍾；……。

這種依靠掠奪敵方來維持軍隊補給方式，如果是戰爭在本國發

83　《吳越春秋·句踐陰謀外傳》：「二年，越王粟稔，揀擇精粟而蒸，還于吳，……。王得越粟，長太息，謂太宰嚭曰：『越地肥沃，其種甚嘉，可留使吾民植之。』……。」

84　《吳越春秋·夫差內傳》：「十四年，夫差即殺子胥，連年不熟，民多怨恨。吳王復伐齊，……。」

85　《宋本十一家注孫子·九地》：「重地，吾將繼其食。圮地，吾將進其塗。……。」

86　《宋本十一家注孫子·九地》：「凡為客之道，深入則專，主人不克；掠于饒野，三軍足食；謹養而勿勞，併氣積力；……。」

87　《宋本十一家注孫子·作戰》：「善用兵者，役不再籍，糧不三載；取用于國，因糧于敵，故軍食可足也。……。故智將務食于敵，食敵一鍾，當吾二十鍾，䒫秆一石，當吾二十石。」

生，必然強烈損害人民的利益；倘使與外國交戰時，則會遭致敵國人民的強烈抵抗，《淮南子‧泰族訓》[88]云：

> 燒高府之粟，破九龍之鐘，鞭荊平王之墓，舍昭王之宮。……，百姓父兄攜幼扶老而隨之，乃相率而為致勇之寇，皆方命奮臂而為之鬥。，……。

作為一個戰場上的將軍，他目睹了戰爭帶來了巨大的破壞，其結果雖給主政者帶來了財富與榮耀，而給予百姓卻是無窮的災難，《左傳‧定公四年》[89]云：

> 庚辰，吳入郢，以班處宮。子山處令尹之宮；……。

如〈闔廬內傳〉[90]云：

> 吳王入郢，止留。……即令闔廬妻昭王夫人，伍胥孫武、白喜亦妻子常、司馬成之妻，……。

由上可知，吳入郢，君臣皆沉迷財貨，倒行逆施，等而下之士卒，勢必恣意搜刮，罔顧民生疾苦，倘又缺乏戰時經濟管理機制，極易形成入侵部隊作戰時之阻力，無怪乎，其后秦軍助楚，吳軍幾一敗塗地，縱有子胥、孫武之才，亦難挽頹勢，故明揭暄云：

> 若夫因糧于敵……，間可救一時，非可長恃者[91]。

在戰場上，倘須因糧于敵，勢受戰地時、空限制，固能應一時之

88　《淮南子校釋‧泰族訓》p.2090，漢‧劉安著、張雙棣撰，北京：北京大學出版社，1997年8月，初版。

89　《春秋左傳正義‧定公四年》：「庚辰‧吳入郢，以班處宮。……；夫概王欲攻之，懼而去之。夫概王入之。」

90　《吳越春秋‧闔廬內傳》：「吳王入郢，止留。伍胥以不得昭王，乃掘平王之墓，出其屍，鞭之三百，……誚之曰：『誰使汝用讒諛之口殺我父兄？豈不冤哉？』即令闔廬妻昭王夫人，……。」

91　參見潘光建〈明‧揭暄兵經語譯註評‧中卷‧法部‧糧〉，《陸軍學術月刊》：「若夫因糧于敵，與無而示有，虛而示盈，及運道阻絕，困守圍中，……，間可救一時，非可長恃者。」第344期，龍潭：陸軍總司部，1994年4月。

急，卻不能作爲長久之計。孫武僅提到軍隊的糧食可向敵人奪取，
而沒有考慮到作戰與生產可以並行實施，猶如后世之屯田制。

揭暄在論述軍隊糧食的供給時，《揭暄兵經・法部・糧》云：

> 籌糧之法，大約歲計者宜屯，月計者宜運，日計者宜流給。

上例謂：籌糧之法，如長期需用，則用儲屯分送；短期需用，則
用運送補給；如日常飲食使用，則要像流水般不斷供應，〈軍爭〉
內將大軍糧秫補給分爲三等：

一、委積，就是倉庫儲屯。

二、輜重，就是運送補給。

三、糧食，就是日常需要[92]。

可見糧秫補給對軍隊之重要關係。顯然，要從事長期作戰，
則須綜採「屯田生產」、「短途運輸」、「就地補給」和「奪敵
輜重」等辦法，因時因地制宜，才是可靠的軍隊給養良方。

參　哲學思想之侷限

現代研究《孫子》的學者莫不承認其思想具哲學基礎，爲何
大家有相同之見解呢？如〈用間〉云：「故明君賢將，所以動而
勝人，成功出于眾者，先知也。……，必取于人，知敵之情者也[93]。」
李澤厚則有更深入的剖析，其在《中國古代思想史論》[94]云：

> 只有在戰爭中，只有在謀劃戰爭、制定戰爭、判斷戰局、選擇

---

[92] 《宋本十一家注孫子・軍爭》：「是故軍無輜重則亡，無糧食則亡，無委
積則亡。」

[93] 《宋本十一家注孫子・用間》：「故明君賢將，所以動而勝人，成功而出
于眾者，先知也。先知者不可取于鬼神，不可象于事，不可驗于度，必取
于人，知敵之情者也。」

[94] 李澤厚《中國古代思想史論・孔老韓合說・兵家辯證法特色》p.71，天津：
天津社會科學院出版社，2003 年 5 月。

戰機、採用戰術中，才能把人的這種高度清醒、冷靜的理智態
度發揮到充分的程度，才能把它的巨大價值最鮮明地表現出
來。

所以〈計〉云：「兵者，國之大事，死生之地，存亡之道，不可
不察也。」此一特點在日常生活或其他相關領域上是比較罕見的。
馮友蘭指：「孫武的（吳孫子）比較科學地從春秋時期的戰爭中
總結出戰爭的一般規律，富有豐富的唯物主義和生動的辯證法思
想。……，也是一部出色的哲學著作[95]。」然任何人的理論和著
作都不可能盡善盡美，毫無缺點，孫武的哲學思想有著三項侷限
存在：

一、夸大明君賢將的角色

《孫子》在論述國家興衰時，總是突顯明君賢將的功用。〈謀
攻〉云：「夫將者，國之輔也。輔周則國必強，輔隙則國必弱。」
其意指國家的強盛，戰爭的勝利，立基于「明君慎之，良將警之，
此安國全軍之道」[96]，孫武分析明君賢將在殷、周朝代更迭過程
中，所扮演之角色，如：

> 昔殷之興也，伊摯在夏；周之興也，呂牙在殷。故惟明君賢將，
> 能以上智為間者，必成大功。（〈用間〉）

對于武王能以弱周滅商，他歸功于明君賢將能以「上智爲間」者，
更極力推崇伊尹、呂尙等傑出政治人物的活動，有其價值存在。
在當時，有些政治人物確實在國家的政治、經濟、軍事上作出了
卓越的貢獻，〈憲問〉云：

---

95 馮友蘭《中國哲學史新編·春秋末期軍事思想和經濟思想中的唯物主義和
　　辯證法》p.202，台北：藍燈文化公司，1991 年 12 月。
96 《宋本十一家注孫子·火攻》：「怒可以復喜，慍可以復悅，亡國不可以
　　復存，死者不可以復生。故明君慎之，良將警之，此安國全軍之道也。」

> 桓公九合諸侯，不以兵車，管仲之力也。

齊桓公任用管仲變法，使國勢蒸蒸日上，致「一匡天下，民到于今受其賜」[97]；又如秦孝公時，重用衛鞅進行了兩次改革，取得顯著的成效，使國家富強，奠定秦在統一戰爭中獲得勝利的基礎，《戰國策・秦策一》[98]云：

> 道不拾遺，民不妄取，兵革強大，……。

有些昏君庸將因決策的錯誤，形成無法彌補的損失，如趙孝成王誤中秦反間計，誤信趙括的夸夸其談，而不知其僅徒擁知兵之虛名與餘蔭，竟取而代廉頗爲將[99]，致長平一役使趙軍大敗，〈白起王翦列傳〉[100]云：

> 括軍敗，卒四十萬人降武安君。……，乃挾詐而盡阬殺之，……
> 前后斬首虜四十五萬人。趙人大震。

趙國在長平慘敗與降卒被殺后，國家幾瀕臨覆滅。若從這個角度深入探討：孫武言論，是有其合理的一面，但是過于強調個人的力量，把「知兵之將」，說成「生民之司命」和「國家安危之主」；把殷、周的興替，說成是由個別的「爲間者」之「成大功」所爲，而不從政治、經濟、軍事及人心的向背上著眼，顯有失于偏頗。

97　《論語注疏・憲問》：「子曰：『管仲相桓公，霸諸侯，一匡天下，民到于今受其賜。……』」

98　漢・劉向集錄《戰國策・秦策一・衛鞅亡魏入秦》：「衛鞅亡魏入秦，孝公以爲相，……，法令至行，公正無私，……，期年之后，道不拾遺，民不妄取，兵革強大，諸侯畏懼。」p.77，台北：里仁書局，1982 年 1 月。

99　楊寬《戰國史・合縱・連橫和兼併戰爭的變化》p.400，台北：台灣商務印書館，2001 年 11 月。

100　日・瀧川龜太郎《史記會注考證・白起王翦列傳》：「括軍敗，……武安君計曰：『前秦已拔上黨，上黨民不樂爲秦而歸趙。趙卒反覆，非盡殺之，恐爲亂。』及挾詐而盡阬殺之，……。」

二、貶低廣大庶民的貢獻

在誇大「明君賢將」在歷史上之功用時，孫武極力貶低社會群眾價值；他主張爲將者在戰場之指揮要領，〈九地〉云：

> 將軍之事，靜以幽，正以治。能愚士卒之耳目，使之無知。易
> 其事，革其謀，使人無識。易其居，迂其途，使人不得慮。

在孫武的內心裏，「將」在外是獨斷專行，軍隊不過是「無知」、「無識」、「不得慮」的愚民組成，一切均按將軍節制。孫武並把士卒比喻爲「群羊」，認爲將軍指揮士卒之技巧，〈九地〉[101]云：

> 若驅群羊而往，驅而來，莫知所之。

若僅把士卒當作「群羊」，自然不須其具任何的創造力，只要聽從驅使，生死由人。同理，孫武又把士卒比喻成「木石」，〈勢〉云：

> 任勢者，其戰人也，如轉木石。木石之性，安則靜，危則動，
> 方則止，圓則行。

孫武心目中：士卒像「木石」一樣，放在適當的位置，就能形成對敵之「勢」，借助「勢」著轉動，「木石」就能縱橫沙場，橫掃千軍。而士卒在其間所扮演的角色，亦不過是任人轉動擺佈，實不具任何思想意涵的「物品」。

春秋是列國兼併激烈的時期，孫武探討作戰中勝敵之規律。列舉戰爭應當熟悉的「五事」，其一就是「道」，進而引申曰：「道者，令民與上同意也，故可與之死，可與之生，而不畏危[102]。」

101　《宋本十一家注孫子‧九地》：「帥與之深入諸侯之地，而發其機，焚舟破釜，若驅群羊而往，驅而來，……，此謂將軍之事也。」

102　《宋本十一家注孫子‧計》：「故經之以五事，校之以計，而索其情；一曰道，……，道者，令民與上同意也，……。」

民眾與國君站在一起，同心同德，生死與共，必能產生巨大的力量，則保證贏得戰爭勝利。接著又指：「故知勝有五：……；上下同欲者勝；……。」（〈謀攻〉）孫武談到晉國六將軍誰先滅亡，誰最后能成功時，在〈吳問〉[103]云：

> 范中行氏制田，……。公家富，置士多，主驕臣奢，冀功數戰，故曰先亡。……。趙氏制田，……公無稅焉。公家貧，其置士少，主斂臣收，以御富民，故曰固國，晉國歸焉。

孫武將明君賢將在經濟上的建樹，澤被其民，獲得擁戴，作為國家強盛、兼併爭霸之關鍵。綜上所言：孫武明顯誇大明君賢將的作用，並極力貶低士卒地位；卻又在歷史的法則和戰爭的洗禮中，體會到「水可載舟，亦可覆舟」之理，則顯示出兩者間的矛盾與對立。

三、面對問題時難免主觀

從辯證法思考問題，必須考慮到問題的多元化及其客觀性，要能避免主觀偏頗。《孫子》的辯證法思想是樸素、直觀、自然的，但他又無法持續地貫徹始終，致而在論述某些問題時，則失之于片面抑或過于主觀。如以數量來預判戰爭勝負之迷思，〈形〉云：

> 兵法：一曰度，二曰量，三曰數，四曰稱，五曰勝；地生度，度生量，量生數，數生稱，稱生勝。

孫武以單純的數量對比來衡量戰爭之勝負，卻忽略軍隊的眾寡，只是判斷戰爭勝負的條件之一。而決定戰爭的勝負因素，則還有其他條件：如士兵的素質、將帥的才能、戰術的巧拙，民心的向背等。歷史上多有以少勝多、以弱勝強的戰例：如春秋第一大戰

---

103 李興斌、楊玲《銀雀山漢墓竹簡校本・孫子兵法新譯・吳問》p.78，濟南：齊魯書社，2003 年 3 月

——「柏舉之戰」僅歷時十餘日，吳軍千里行軍，以三萬之徒，擊破楚國二十萬大軍，堪稱創造了春秋戰史上的奇蹟[104]。因此簡單地用「數」、「量」來推斷勝負的作法，是缺乏辯證的依據。相同的，孫武在思想上也存在著侷陷，如判斷事物往往喜歡用全稱的、必然的形式，而有些立場則又顯得不夠週延。〈九變〉[105]云：

> 是故智者之慮，必雜于利害。

但對觀察暨處理問題的辯證方法而言，面對此原則，則孫武所論則顯然欠周延，且不能貫徹始終。

四、夾雜著迷信及反科學

在孫武的軍事著作中，間雜有迷信及反科學的思想，〈火攻〉[106]云：

> 發火有時，……；日者，月在箕、壁、翼、軫也；凡此四宿者，風起之日也。

在春秋時代則已確立了二十八宿的名稱[107]，而孫武所說的「箕、壁、翼、軫」，為傳說中為司風之星，其中尤以箕星為最，故風神有「箕伯」之稱。《尚書·洪範》[108]云：「星有好風，星有好

---

104 謝祥皓《中國兵學·先秦卷·春秋時代戰爭經驗的積累》p.93，濟南：山東人民出版社，1998 年 9 月。

105 《宋本十一家注孫子·九變》：「是故智者之慮，必雜于利害。雜于利，而務可信也；雜于害，而患可解也。」

106 《宋本十一家注孫子·火攻》：孫子曰：「凡火攻有五：……五曰火隊行火必有因，煙火必素具。發火有時，起火有日。時者，天之燥也；……。」

107 顧德融·朱順德《春秋史·春秋時代的思想、文化藝術和科學技藝》p.436，上海：上海人民出版社，2001 年 6 月。

108 漢·孔安國傳、唐·孔穎達等正義《尚書正義·洪範》：「庶民惟星，星有好風，星有好雨。日月之行，則有冬有夏，月之從星，則以風雨。」p.471，台北：新文豐出版公司，2001 年 6 月。

雨。」又如《史記・宋世家・集解》[109]曾引馬融注曰:「箕星好風,畢星好雨。」可見當時類似傳說流傳甚廣。但是,箕星等四宿好風,完全沒有科學根據;若指月在此四宿就是「風起之日」,更屬于無稽之談,漢簡《孫子・黃帝伐赤帝》[110]云:

> 孫子曰:黃帝南伐赤帝,……,戰于反山之原,右陽,順術,倍(背)沖,大滅有之。……。北伐黑帝,至于武隧,右陽,順術,倍沖,大滅有之……,西伐白帝,至于武剛,戰于……,右陽,順術,倍沖,大滅有之。已勝四帝,大有天下,……。武王之伐紂,至于鈙遂,戰牧之野,右陽,順術……。一帝二王皆得天之道、……

黃帝伐赤帝、黑帝、白帝;湯伐桀、武王伐紂,皆用「右陽」、「順術」、「倍(背)沖」的方位取得勝利,而所謂「右陽、順術、倍(背)沖」是夏商西周時期中戰爭流行的方位,這種講究方位的迷信思想,是沒有科學根據的[111]。孫武的說法就受到尉繚子、韓非之批評,〈天官〉[112]云:

> 梁惠王問尉繚子曰:黃帝刑德,可以百勝,有之乎?尉繚子對曰:刑以伐之,德以守之,非所謂天官時日陰陽向背也。

尉繚在分析黃帝能夠百戰百勝的主因:其關鍵在人事上,首重「刑伐」與「德守」,而非是「天官時日」、「陰陽向背」所爲。很明顯的是尉繚視「陰陽向背」與「人事」兩相對立,其間並無關

---

109 漢・司馬遷《新校史記三家注・卷三十八・宋微子世家第八・集解》,p.1620,台北:世界書局,1993 年 12 月。

110 李興斌、楊玲《銀雀山漢墓竹簡校本・孫子兵法新譯・黃帝伐赤帝》p.79。

111 楊善群《中國思想家評傳叢書 — 孫子評傳・孫武哲學思想的侷限》p.217,南京:南京大學出版社,1995 年 10 月。

112 陽明先生手批《武經七書・尉繚子・天官》:「梁惠王問尉繚子曰:『黃帝刑德,可以百勝,……?』……。黃帝者,人事而已矣。……」

連，《韓非子・飾邪》[113]云：

> 故曰：龜筴鬼神不足舉勝，左右背鄉不足以專戰。然而恃之，
> 愚莫大焉。

韓非在闡述戰爭勝利具備之條件時，指出「左右背向」、「龜筴鬼神」與作戰時應據有利之地形無關，若強恃之，恐將爲天下至愚。可見講究方位上的陰陽、左右、向背，充其量僅帶有神祕主義的色彩，實際上與孫武把月在「四宿」會起風之時，皆可歸類于缺乏科學根據的傳說，其間迷信成份應屬居多，並無實際效用。

---

113 清・王先慎集解、陳奇猷校注《韓非子集解・飾邪》：「初時者，魏數年東鄉攻盡陶、……。故曰『龜筴鬼神不足舉勝，左右背鄉不足以專戰。……。』」p.307，台北：河洛圖書出版社，1974 年 3 月。

第五章　《孫子》修辭藝術之探究

　　中國古代兵書卷帙浩繁，是在數千年戰爭和軍事實踐中產生的。它凝聚著歷代軍事家和哲學家的心血，是我中華民族集體的歷史文化結晶。無論其內容的豐富多彩、哲理的深邃睿智、思想的博大精深，甚或言語的練達縝密，在在都對我國歷來之政治、文化、軍事、哲學、文學、科技等領域產生了深遠的影響。尤其廣被譽爲「兵學聖典」、「世界古代第一兵書」的《孫子兵法》蔚爲世界軍事史上的瑰寶。

　　《孫子》在軍事理論、哲學範圍等方面，有博大精深的內容，舉世共睹，同時在語言文字上的運用也有很高的造詣，其文學價值尤爲眾所津津樂道。南朝梁文學批評家劉勰《文心雕龍‧程器》[1]云：

　　　　孫武兵經，辭如珠玉，豈以習武而不曉文也！
宋人鄭厚在所著《藝圃折衷》[2]云：

　　　　孫子十三篇，不惟武人之根本，文士亦當用心焉。其詞約而縟，易而深，暢而可用。

　　日人北村佳逸在《孫子解說‧自序》[3]評云：

1　李曰剛《文心雕龍斠詮‧程器》p.2270，台北：國立編譯館中華叢書編審會，1982 年 5 月。
2　轉引自楊善極《孫子評傳‧導論》p.18，南京：南京大學出版社，1995 年月 10 月。

　　彼（孫子）是兵法家，哲學者，更是東方第一流大文豪。

　　然而，《孫子》一書除了具有實用的軍事價值外，還具體的匯成「兵學」思想，能在春秋諸子百家中獨樹一格，成爲中國「兵家」的代言者。而其卓越的兵家思想是透過優秀的語言表達，其文字寓意深遠，鞭辟入裏，極富活力。在《孫子》十三篇計五千餘字，經今人張敏彙輯；光流傳至今，琅琅上口之成語就有三十餘條，而且絕大部分活躍于現今漢語中[4]，正代表《孫子》歷經二千多年的文字錘鍊，能歷久而彌新，極富研究之價值。

　　《孫子》在文學上的特色中；尤長于說理，深入淺出，寥寥數語，直探本心，將深奧的用兵之道講解得淺顯易懂，如「知己知彼，百戰不殆[5]」、「攻其無備，出其不意[6]」等軍事原則，言簡意賅，使社會大眾也能琅琅上口，廣爲傳誦。無怪乎吳王闔廬，能大胆擢用北地無名青年爲將，充分信任，進而能破楚伏越、威震齊晉，絕非偶然！

　　如何研究《孫子》之修辭內涵，則必須從修辭學定義著手，黃慶萱《修辭學》[7]云：

　　　　修辭學是研究在不同語境下，如何調整語文表意的方法，設
　　　　計語文優美的形式，使精確而生動地表達出說者或作者的意
　　　　象，期能引起讀者共鳴的一種藝術。

而「修辭學」的界說，雖然眾家意見紛紜，但思兼先生（沈謙）

3　轉引自于如波主編《孫子兵法研究史‧緒論》p.15，北京：軍事科學出版社，
　　2001 年 9 月。
4　參考張敏〈孫子成語初探〉，《國文天地》171 期，1999 年 7 月號。
5　魏‧曹操等注《宋本十一家注孫子‧謀攻》：「故曰『知彼知己，百戰不殆；
　　不知彼而知己，一勝一負；……。』」香港：寶華齋書社，2002 年 6 月。
6　《宋本十一家注孫子‧計》：「兵者，詭道也。……，佚而勞之，親而離之。
　　攻其無備，出其不意。……」
7　黃慶萱《修辭學‧緒論》p.12，台北：三民書局，2002 年月 10 月。

《修辭方法析論》[8]云：

　　修辭學就是追尋語言文辭之美的一門學問。

其內容簡明扼要，通俗易曉，充分表達出「文學即生活」之旨意。

誠如郭紹虞在〈中國修辭學史稿序〉[9]云：

　　修辭學之所以成為一種學科，就因為它能起一種幫助人們修

　　飾言辭文辭的作用。從語言的方面看是言辭，從文字的方面

　　看是文辭。在語文一致的國度裏，可以不必作此區分；但在

　　語文分歧的國度裏，　就必須作此區分。比如中國的文學就

　　可有語言型的與文字型的之分。這兩類有統一的一面，也有

　　不同的一面。就其同的一面講，語言與文字本是不可分割

　　的，所有文學作品也都是以語言為基礎的，至少要有比較共

　　同的普通話，以此為基礎，才能用來通情達意。假使語言的

　　規律與文辭的規律完全不一致，那又怎能用來作交換思想的

　　工具呢？

而要瞭解修辭學內容則必須從修辭學的意義入手。修辭的「修」

字，據《說文》[10]云：「修，飾也。從彡，攸聲。」段玉裁注：

「修之從彡者。灑刷之也，藻繪之也。」《論語‧憲問》[11]云：

「子曰：『為命：裨諶草創之，世叔討論之，行人子羽修飾之，

東里子產潤色之。』」以上各書，都把「修」字作「修飾」解，

或作修飾用。這都是從狹義來解說或使用「修」字的。如果從廣

8　沈謙《修辭方法析論‧修辭格式辨義》p.15，宏翰文化出版社，1992 年 3
　　月。

9　郭紹虞〈中國修辭學史稿序〉，見鄭子瑜《中國修辭學史》p.1，文史哲出
　　版社，1990 年 2 月。

10　漢‧許慎撰、清‧段玉裁注《說文解字‧九篇上‧彡部》p.428，台北：洪
　　葉文化公司，2001 年 10 月。

11　魏‧何晏等注、宋‧邢昺疏《論語注疏‧憲問》p.310，台北：新文豐出版
　　公司，2001 年 6 月。

義來說，「修」字實含有調整或適用的意思。

再說「辭」字，依《說文》[12]云：「辭，訟也。從辭，辭，猶理辜也。辭，理也。」在《荀子・正名》[13]曾提到「辭合于說」，注謂「成文為辭」，《易・繫辭》[14]云：「其旨遠，其辭文，其言曲而中，……。」又《論語・衛靈公》[15]云：「辭，達而已矣。」以上所指的都是成文的「辭」，與文法上的「詞」是不同的。

至于將「辭達」二字連用，最早見于《易・乾卦・文言》：「君子進德修業，忠信，所以進德也。修辭立其誠，所以居業也。」唐・孔穎達云：「修辭立其誠，所以居業者，辭謂文教，誠謂誠實也；外則修理文教，內則立其誠實，內外相成則有功業可居，故云：居業也[16]。」孔子以「修理文教」釋「修辭」，《易》裏的「修辭」和我們現在所說的「修辭」不同。我們現在所謂「修辭」，據陳望道《修辭學發凡》[17]云：

> 大體可分為廣狹兩義：（甲）在狹義，以為修當作修飾解，辭當作文辭解，修辭就是修飾文辭；（乙）在廣義，以為修當作調整或適用解，辭當作語辭解，修辭就是調整或適用語辭。

也就是《論語》所謂「辭，達而已矣」的意思。

《孫子》所處的時代是修辭的萌芽，修辭的思想未見成熟。《易・文言》中雖曾把「修辭」二字連用，不過所指的却是修理

12　漢・許慎撰、清・段玉裁注《說文解字・十四篇下・辛部》p.749。
13　清・謝墉、盧文弨集解《荀子集釋・正名》p.65，台北：新興書局，1959年12月。
14　魏・王弼、韓康伯注《周易正義・繫辭下》p.639，台北：新文豐出版公司，2001年6月。
15　《論語注疏・衛靈公》p.363。
16　《周易正義・乾卦・文言》p.41。
17　陳望道《修辭學發凡・引言》p.3，台北：文史哲出版社，1989年1月。

文教，也就是指人的修業而言，和我們現今所說的修辭，其意義是兩樣的，《易・繫辭下》[18]云：

> 將叛者，其辭慙。中心疑者，其辭枝。吉人之辭寡，躁人之辭多。誣善之人其辭游，失其守者其辭屈。

這和《詩・大雅・板》[19]云：「辭之輯矣，民之洽矣，辭之懌矣，民之莫矣。」〈抑〉[20]云：「白圭之玷，尚可磨也；斯言之玷，不可爲也。」以及其他經傳中的有關修辭言論，也都只能算是修辭思想萌芽時期的端倪。先秦諸子談到時人的言行時，偶有涉及修辭的地方，我們都把它看作是研究修辭學的難得資料，但他們只僅表示飾辭與不飾辭這兩方面的意見，對修辭學還不曾有過具體的概念。《孟子・萬章》[21]云：「詩云：『普天之下，莫非王土；率土之濱，莫非王臣。……』」雖然提到了《詩經》的夸飾辭句，但還沒有「夸張」這個辭格的概念。

　　而《孫子》也因其具實用性，廣受歷代各大家重視，雖然兵家在《漢書・藝文志》中單列，而不屬于「九流十家」，也不參與「百家爭鳴」，他們是先秦時期專門研究軍事專著的代表，而其軍事理論著述，勢必受到時代文體的影響，也運用了散文的筆法。以《孫子》爲例：其文辭簡約而旨意深遠，體系博大而論述精粹，有意追求文字的整齊，語言中常帶協韻，各篇中時見偶句、排比，具有著詩的情韻；其內容結構嚴整，前后照應，首尾圓貫，

18　《周易正義・繫辭下》p.662。
19　漢・毛亨傳、鄭玄箋、唐・孔穎達疏《毛詩正義・大雅・板》p.1745，台北：新文豐出版公司，2001 年 6 月。
20　《毛詩正義・大雅・抑》p.1778。
21　漢・趙岐注、漢・孫奭疏《孟子注疏・萬章》p.404，台北：新文豐公司，2001 年 6 月。

能并列于春秋諸子藝術散文行列，形成自己的特色[22]。其相關研究文獻，如雨后春筍般的出現，益發表示其重要，更具體顯現它的形成不全是一人一時一地之作品，如果從修辭立場探討，仍不失爲研究先秦文學之材料。綜觀《孫子》在遣詞造句之修辭語法上，經常運用「譬喻」、「映襯」、「夸飾」、「設問」、「對偶」、「排比」、「層遞」、「頂針」、「引用」、「類疊」、「警策」、「回文」等技巧，茲分別予以探討：

第一節　譬　喻

譬喻，又稱爲比喻，也就是俗稱的「打比方」，是一種最常見的修辭方法。簡言之，就是「借彼喻此」，通常是以易知來說明難知，以具體來說明抽象，以警策來彰顯平淡，無論日常說話作文，宣傳說教，乃至于法庭辯論，或見外交辭令，如能妥用譬喻，則往往事半功倍，不但能充分傳達自己的意見，使對方心悅誠服，而且妙趣橫生，賓主盡歡。

兩千多年前的希臘大師亞理斯多德（Aristotle B.C 384~322）在《修辭學》中揭示了修辭的三大原則：「用比喻，用對比，要生動。」譬喻既被亞氏視爲三大原則之一，自非可等閒視之，他有關譬喻的名言，傳誦千古，中外皆知：

　　詩與文之中，比喻之用大矣哉！[23]

22　楊樹增《先秦諸子散文・詩化的哲理・前言》p.6，桂林：廣西師範大學出版社，1999 年 8 月。

23　參見沈謙《文心雕龍與現代修辭學・比（譬喻）之修辭方法》p.35，台北：文史哲出版社，1997 年 7 月。

　　黃慶萱在其《修辭學》著作中將譬喻的成分分成了三大部份：一是喻體，意指所要說明的事物主體；二是喻依，意指用來說明此一主體的另一事物；三是喻詞，意指聯接喻體和喻依的語詞[24]。思兼先生（沈謙）指譬喻的種類，由于喻體、喻詞之省略或改變，可以分作明喻、隱喻、略喻、借喻、博喻等五種[25]。

壹　明　喻

　　「明喻」的基本構成方法是甲（喻體）像（喻詞）乙（喻依）。譬喻的組成成份 —— 喻體、喻詞、喻依，三者具全，具譬喻的意味十分明顯，一望即知，喻詞除了「像」之外，也包括：好像、就像、竟像、真像、如、有如、就如、恍如、真如、似、一似、酷似、好似、恰似、若、有若、有類、有同、彷彿、好比、猶、猶之…等[26]，如《詩・衛風・碩人》[27]云：

> 手如柔荑，膚如凝脂，領如蝤蠐，齒如瓠犀，螓首蛾眉；巧笑倩兮，美目盼兮。

此形容衛莊公夫人莊姜的美麗可愛，連用四個明喻：

一、手細嫩柔美得像茅草的嫩芽。

二、皮膚潔白潤澤得像凝脂。

三、頸子像蝤蠐般白而長。

四、牙齒像瓠瓜種子般整齊潔白。

如此描述之下，一幅栩栩如生的古典美人圖就呈現在前。在上述例子中，藉「柔荑」、「凝脂」、「蝤蠐」、「瓠犀」（喻依）

24　黃慶萱《修辭學・譬喻》p.327。
25　沈謙《修辭方法析論・論譬喻》p.67。
26　沈謙《修辭學・譬喻》p.5，台北：國立空中大學，2000 年 7 月。
27　漢・毛亨、鄭元箋、唐・孔穎達疏《毛詩正義・衛風・碩人》p.129。

來形容「手」、「膚」、「領」、「齒」（喻體），兩者之間就用「如」（喻體）聯接。手與茅草、嫩芽原本是不同的二樣東西，其間並無任何關聯。但是卻有了一點微妙的溝通，以喻體與喻依之間的相似點，恰好捕捉了這一點維妙維肖的類似點，創造出一個精采的譬喻辭例[28]，如〈軍爭〉云：

> 故其疾如風，其徐如林，侵掠如火，不動如山，難知如陰，動如雷霆。

上文形容兩軍交戰時如何奪取先機之利，連用六個明喻的例子：

一、行軍時，部隊要迅速似疾風。

二、宿營時，部隊要徐緩似森林。

三、攻擊時，部隊要侵掠似烈火。

四、防禦時，部隊要屹立似山岳。

五、待機時，部隊要隱蔽似黑夜。

六、衝鋒時，部隊要速捷似霹靂。

如此描述之下，彷彿天降神兵，其勢不可擋的景像就展現在讀者眼前。

貳　略　喻

「略喻」的基本構成方式是甲「喻體」── 乙（喻依）。譬喻的組成成分－喻體、喻詞、喻依，三者之中，省略了喻詞，不過，喻體與喻依在形式上仍如明喻同樣屬于相類似的關係[29]，如〈勢〉云：

> 激水之擊，至于漂石者，勢也；鷙鳥之疾，至于毀折者，節也。

28　沈謙《文心雕龍與現代修辭學・明喻》p.45。
29　沈謙《修辭學・略喻》p.24。

此例形容水本比石輕而柔,因其奔流急速,至于漂流石塊;其原理,可以「勢」字說明。又如鷙或鷹等鷙鳥,利用其猛速衝力,至而毀折小鳥的骨與翼,是由于善為節量距離和時間作突然的搏擊。所以善戰的良將,其進軍是迅速的,其衝擊是猛烈的。以「激水之擊」、「鷙鳥之疾」(喻依),形容「勢」、「節」(喻體)。喻詞省略。而喻體、喻依之間卻有極微妙的關聯,而「勢」、「節」等(喻體)在后,「激水」、「鷙鳥」(喻依)在前,次序對調,但效用無異。

參 借 喻

「借喻」形式是甲(喻體)被乙(喻依)所取代。喻體‧喻詞省略,只剩下喻依。全然不寫正文,將譬喻來作為正文之代表[30],黎運漢、張維耿《現代漢語修辭學》[31]云:

> 從明喻、隱喻到借喻,喻依與喻體的聯繫越來越密切,喻依越佔主要地位,而語言形式也越來越簡短,因而它們的表達作用也不盡相同。……;借喻精煉含蓄,能啟發人們的想像力。

「借喻」因形式簡單,只有喻依,其所描敍的喻體在文字上隱沒不見。因此在譬喻中是最耐人尋味的,〈九地〉云:

> 是故始如處女,敵人開戶,后如脫兔,敵不及拒。

上例意指:孫武對于反復的句子常喜押韻,與《老子》之文體近似。如「始如處女,敵人開戶,后如脫兔,敵不及拒」中「女」為上聲,「戶」為去聲,「兔」為去聲,「拒」為去聲。以行動

---

30 黃慶萱《修辭學‧譬喻》p.324。
31 黎運漢、張維耿《現代漢語修辭學‧修辭方式分說》p.104,台北:書林出版公司,1997 年 10 月。

之初，須僞裝如羞澀之處女，態度矇昧，躊躇不前；因之，敵人即疏忽戒備，而出現虛隙。俟敵稍漏虛隙大開方便之門時，即不失時機，忽似脫網之兔迅捷閃擊，使敵猝不及防。孫武在此以「處女」、「脫兔」比喻軍隊行動之迅捷（喻依），使敵人猝不及防，此處省略了喻體、喻詞，只剩下喻依，而孫武所要表達的用兵之道：以處女深藏閨中，其態度之幽靜與含羞，令人有柔弱不足慮之感；狡兔之脫圍，猛且疾，令人有猝不及防之勢。文中以「處女」、「脫兔」形容部隊動靜之理，其夸飾鋪張遠超過客觀事實，係爲典型「物像的夸飾」。上述語文中，又將兩種不同的物性，從兩種不同的觀點予以形容描寫，恰恰形成強烈的對比，是爲「對襯」語法。

第二節　映　襯

　　在語文中，將兩種不同的，特別是相反的觀念或事實，對立比較，從而使語氣增強，意義顯明的修辭方法，是爲「映襯[32]」。黃慶萱在其《修辭學》提到「映襯」格之所以成立，有其主觀與客觀的因素。

　　映襯的客觀因素在于我們人性內在的矛盾和宇宙內在的矛盾。映襯的主觀因素，在于人類的「差異覺閾」（Difference Threshold），人類對于不同程度的兩種刺激，先后或同時出現時，只要其間的差異，達到某種程度，便能加以辨別，差異覺閾與參照刺激的強度，成一定比[33]。《詩·小雅·采薇》[34]云：

---

32 沈謙《修辭學·映襯》p.83。
33 黃慶萱《修辭學·映襯》p.409。

　　昔我往矣，楊柳依依。今我來思，雨雪霏霏。

以四句十六字，將季節的遞變、時空的轉移、人事的昔非，藉著文字間的映襯，作出肅靜的對立，于是乎遠方征人在外的思念之情，也就在這相反情境的對應下，鮮活的呈現。

　　陳望道在其《修辭學發凡》[35]中將之分爲「反映」與「對襯」，黃永武在《字句鍛鍊法》[36]則分爲「反襯」與「正襯」，黃民裕在《辭格匯編》[37]則取名「對比」，分爲「一物相反的兩個方面的對比」與「兩個相反事物的對比」。依黃慶萱在《修辭學》[38]之分類：爲對襯、雙襯、反襯等三種。

壹　對　襯

　　對兩種不同的人、事、物，從兩種不同的觀點予以形容描寫，恰恰形成強烈的對比。在《孫子》中爲闡述軍事原理原則時，孫武經常把兩個方面的情況、效果并排在一起[39]，如：

　　凡先處戰地而待敵者佚，后處戰地而趨戰者勞。（〈虛實〉）

　　夫將者，國之輔也，輔隙則國必弱，輔周則國必強。（〈謀攻〉）

　　故勝兵若以鎰稱銖；敗兵若以銖稱鎰。（〈形〉）

這裡將佚勞、強弱、周隙、勝敗、鎰銖等字兩兩比較，形成強烈的對比，進而加深讀者的印象，可明確清晰的瞭解孫武思想內涵。就〈虛實〉而論：大凡先于敵人到達戰場，準備完善以待者，對爾后在作戰上將極爲順手（佚）；反之，后于敵人到達戰場，倉

34　《毛詩正義·小雅·采薇》p.925。
35　陳望道《修辭學發凡·映襯》p.95。
36　黃永武《字句鍛鍊法·映襯》p.36，台北：台灣商務印書館，2000 年 4 月。
37　見沈謙《修辭學·映襯》p.83。
38　黃慶萱《修辭學·映襯》p.412。
39　沈謙《修辭方法析論·映襯》p.179。

皇失措，被迫出而求戰，那就極為麻煩（勞）。針對「佚」與「勞」兩種不同的情境，予以描寫，形成強烈的對比。短短二十字，藉時空轉移，將先處戰地而待敵者，則佔力有餘的優勢，配合戰場兵車倥傯之情狀，躍然紙上，此種「對襯」之運用，意象極為鮮明。

　　另就〈形〉之例而論：「以鎰稱銖」者，意謂必須集中有形無形之戰力于決戰方面。若以注定要敗亡的軍隊與對手之間就好比「以銖稱鎰」；那麼，勝敗之數，在未戰之前，已昭然若揭。如此強烈的對比，使讀者印象深刻。同時「以鎰稱銖」與「以銖稱鎰」符合修辭學上的「回文」：其上下兩句，詞彙大多相同，而詞序的排列恰好相反，造成回環往復的形式，讀來顯豁響亮，語氣強烈。

貳　反　襯

　　針對某一事物，用恰恰與其現象或本質相反的詞語予以形容描寫是為「反襯」。其語辭肇基于宇宙與人性的矛盾，有輕鬆有趣的諷刺，有耐人尋味的啟示。除了具新奇有趣，生動傳神之特性外，反襯更是一面鏡子，照見了人性深處的奧妙[40]！〈九地〉云：

> 投之亡地然后存，陷之死地然后生。夫眾陷于害，然后能為勝敗。

如〈勢〉云：

> 亂生于治，怯生于勇，弱生于強。治亂，數也；勇怯，勢也；強弱，形也。

---

[40] 沈謙《文心雕龍與現代修辭學・反襯》p.349。

就〈九地〉而言：「陷之死地然后生」，乃兩千多年來膾炙人口之軍事名言。唯古今名將能用此原則獲致勝利者，并不太多。其大意指：將士卒投于必死之地，則其必苦鬥以求生存；若將士卒陷于必死之地時，則其必苦戰以求存活，戰場兵戎相對，勝敗難料，以「亡」、「死」與「存」、「生」相對，在本質上恰恰相反，「亡」、「死」理應不好，卻用「存」、「生」等矛盾詞語相對，藉由「反襯」的運用，充分彰顯出《孫子》用詞的生動。

第三節　夸　飾

夸飾，相當于英文中的 Hyperbole，是一種具有強烈表達效果同時也易遭爭議的修辭方法[41]。

夸飾意謂：「語文中夸張鋪張，遠超過客觀事實，使其所表達之形象鮮明突出，藉以加強讀者或聽眾的印象[42]。」

夸飾作爲一種修辭方法，最早見于劉勰《文心雕龍・夸飾》[43]云：

> 夫形而上者謂之道，形而下者謂之器。神道難摹，精言不能追其極；形器易寫，壯辭可得喻其真。才非短長，理自難易耳。故自天地以降，豫入聲貌，文辭所被，夸飾恆存。

此言指出：自有天地以來，萬事萬物，原本具備聲音形貌，創作文辭，夸張鋪飾，即經常使用，不可或缺；此所謂「自天地以降，

---

[41] 沈謙《文心雕龍與現代修辭學・夸飾》p.261。

[42] 沈謙《修辭方法析論・論夸飾》p.261。

[43] 李曰剛《文心雕龍斠詮・夸飾》p.1671，台北：國立編譯館中華叢書編審會，1982年5月。

夸飾恆存」，能直探本心，一語道破了夸飾乃出乎自然，本乎天性，自有創作，即有夸飾。

夸飾之產生因素有二：主觀因素是「語不驚人死不休」（杜甫〈江上值水如海勢聊短述〉）[44]，作者想要「出語驚人」；客觀因素是「愛奇者聞詭而驚聽」（《文心雕龍·知音》）[45]，「俗人好奇，不奇，言不用也」（王充《論衡·藝增》）[46]，讀者之好奇心理，無論「出語驚人」或「好奇心理」，均為人類之天性；自有人類以來。即為普遍而不可變之人性。[47]

李曰剛在《文心雕龍斠詮》[48]云：「本文以夸飾名篇者，實兼有夸張與增飾二義焉。」另「夸飾之文意在動人耳目，不必盡合邏輯。亦不必盡符事實，讀書者不以文害辭，不以辭害志，斯為得之」，從現代修辭學的眼光看，則夸張與增飾則含為夸飾一詞，不必分為二。且考諸《文心雕龍》其他諸篇，如〈麗辭〉、〈事類〉等以及劉勰〈夸飾〉本文，則夸飾為一種修辭方法，殆無疑義[49]。

論夸飾的對象，則以黃慶萱《修辭學》最為完備，黃氏將夸飾分為四類：一、空間的夸飾，二、時間的夸飾，三、物象的夸飾，四、人類的夸飾。至于夸飾方式，有放大的，有縮小的，有

---

44 清·楊倫編輯《杜詩鏡銓·江上值水如海勢聊短述》p.345，台北：華正書局，2000 年 2 月。
45 沈謙《修辭方法析論·論夸飾》p.261。
46 漢·王充撰·劉盼遂集解《論衡集解·藝增》：「世俗所患。患言事增其實。……？俗人好奇。不奇言不用也。故譽人不增其美。……。」p175，台北：世界書局，1958 年 5 月。
47 沈謙《修辭學·夸飾》p.119。
48 李曰剛《文心雕龍斠詮·夸飾》p.1660。
49 沈謙《文心雕龍與現代修辭學·夸飾之方法》p.271。

超前的，有延緩的……50。而《孫子》中屢有把事物的數目和情狀故意夸大，十三篇中存在著不少夸飾的例子，空間方面的夸飾有：

> 善守者，藏于九地之下；善攻者，動于九天之上。（〈形〉）
>
> 故善出奇者，無窮如天地，不竭如江河。（〈勢〉）
>
> 善者之戰民也，若決積水于千仞之谿者，形也。（〈形〉）
>
> 故善戰人之勢，如轉圓石于千仞之山者，勢也。（〈勢〉）

就〈形〉而論：所謂善守者，好像藏于最深的地下，使敵無從偵知我之虛實，以施其技，且能常保在主動的地位；及至勝敵的兵力已有餘，此時所謂善攻者宛若飛翔于高空，行動祕密而機敏神速，乘虛攻之，使敵無從應付。九地、九天者，在空間上亟言其深、其高，寫景狀物，具意想不到的奇效。

物象方面的夸飾如〈形〉云：

> 見勝不過眾人之所知，非善之善者也；戰勝而天下曰善，非善之善者也；故舉秋毫不為多力，見日月不為明目，聞雷霆不為聰耳。

其指：譬若「秋毫」，乃天下之至輕，舉之不能自誇為「多力」；「日月」乃天下之至明，見之不能自誇為「明目」；「雷霆」，乃天下之至響，聞之不能自誇為「耳聰」。亦即眾人所見之勝，天下所贊之勝，是國家財資物力和人民鮮血生命所換得而來，所費代價過鉅，無任何可稀奇之處。以「秋毫」亟言其性質之至微，屬縮小夸飾。以「雷霆」亟言其性質之至強，屬放大之夸飾。故提醒良將用兵主奇，須洞察勝利機會之所在。

---

50 黃慶萱《修辭學・夸飾》p.286。

第四節　設　問

　　無疑而問，只是爲了加強表達效果而故意自問自答或問而不答的修辭方式，叫作「設問」[51]。設問使用的好，能突出論點，啓發思考，加深印象。如果運用的恰當，可以使語言波瀾起伏，活潑生動。

　　思兼先生（沈謙）《修辭學》則言簡意賅地指出：「講話行文，刻意設計問句的形式，以吸引對象注意的修辭方式，是爲『設問』[52]」，其中又可分爲兩類：

壹　提　問

　　自問自答，先提出問題，引發對方好奇與注意，再自行作答[53]，屈原〈離騷〉[54]云：

　　　　何昔日之芳草兮，今直爲此蕭艾也？豈其有他故兮，莫好脩之害也！

句尾「莫好脩之害也」，便是問題之答案所在。

　　「提問」是明知故問，作者先假設問題，激發讀者的疑惑，然后再說出答案[55]，〈九地〉云：

　　　　敢問：敵眾整而將來，待之若何？曰：先奪其所愛，則聽矣。

---

[51] 黎運漢、張維耿《現代漢語修辭學·設問》p.154。

[52] 沈謙《修辭學·設問》p.259。

[53] 沈謙《修辭學·設問》p.260。

[54] 東漢·王逸注解、宋·洪興祖注《楚辭補注·離騷》p.40，台北：天工書局，1994年9月。

[55] 陳望道《修辭學發凡·設問》p.14。

敢問：兵可使如率然乎？曰：可。夫吳人與越人相惡也，當
其同舟共濟，遇風，其相救也如左右手。

作者為強調善用兵者神機妙算，掌握主動，故能使敵「前后
不相及」、「眾寡不相恃」、「貴賤不相救」、「上下不相收」…
等。故文中採用「提問」，加強表達效果，如其自問：若「敵眾
整而將來，待之若何？」作者不厭其煩將掌握敵人之法逐一說明，
並由戰況模擬，把結論引出，除能佐證用兵思想的周延，更進一
步解決讀者的疑惑。

貳　激　問

問而不答，以問句表達確定的意思，答案必在問題的反面[56]。
〈離騷〉[57]云：

眾不可戶說兮，孰云察余之中情？世並舉而好朋兮，夫何煢
獨而不予聽？

這是姊姊婺告訴屈原的話，內容包括：第一個問題是肯定的，答
案卻是否定，指誰都不會明白我們的內心；第二個問題是否定的，
答案卻是肯定，指你應該聽我的勸告。綜觀這兩種問句，非屬于
確有疑問的「普通問句」，而是內心早有定見的「設問」，屬刻
意設計之「明知故問」，不但能留給對方深刻印象，而且在文章
中激起波瀾，使語勢起伏，迭宕有力[58]。

「激問」是為激發本意而發問，屬于「問而不答」，因為答
案就在問題反面[59]，〈勢〉云：

56　沈謙《修辭學·激問》p.268。
57　東漢·王逸注解、宋·洪興祖注《楚辭補注·離騷》p.12。
58　黃慶萱《修辭學·設問》p.50。
59　陳望道《修辭學發凡·設問》p.143。

> 戰勢不過奇正，奇正之變，不可勝窮也。奇正相生，如循環
> 之無端，孰能窮之？

作者強調戰場情勢千變萬化，在用兵法則上， 也不過是「奇」
與「正」；這兩種變化，能由正變奇，由奇變正，即正兵忽變為
奇兵，奇兵忽變為正兵，奇生正，正生奇，兩相變化互生無盡，
好比那無端的圓環，無法一窺究竟。孫武藉「激問」強調「奇」、
「正」互位相生之妙，不直接點出答案，因為問題的反面如環之
無端，答案是無窮止盡。

　　在〈計〉中，孫武採用連續「設問」的方式[60]：

> 曰：主孰有道？將孰有能？天地孰得？法令孰行？兵眾孰
> 強？士卒孰練？賞罰孰明？吾以此知勝負矣。

連續「設問」有加強文章氣勢之功能，上文連用七個詢問句構成
了七計；與篇首「兵者，國之大事，死生之地，存亡之道，不可
不察也」之主旨 ── 「道、天、地、將、法。」等五事，兩者前
后輝映。作者將連續「設問」置于段尾，除增加文章餘韻外，藉
語文間猛然的氣勢，波瀾起伏，頗具震撼。

第五節　對　偶

　　將語文中文字字數相等、語法相似、詞性相同的文句，成雙
作對地排列的修辭方法，是為「對偶」[61]。中國文字在形體、讀
音、詞彙、語法等方面，都具有構成對偶所必須的語文條件，因
而對偶修辭法很早就普遍使用，無論是駢、散或各種文體，都廣

60　黃慶萱《修辭學・設問》p.63。
61　沈謙《修辭學・對偶》p.453。

泛地用到對偶。劉勰《文心雕龍・麗辭》[62]云：

> 造化賦形，體必雙支；神理為用，事不孤立。夫心生文辭，
> 運裁百慮，高下相須，自然成對。……故麗辭之體。凡有四
> 對：言對為易，事對為難，反對為優，正對為劣。言對者，
> 雙比空辭者也；事對者，並舉人驗者也；反對者，理殊趣合
> 者也；正對者，事異義同者也。

「麗」就是成對的意思。六朝駢文對偶句極多；對偶也叫做「駢
麗」、「麗辭」、「對仗」，民間稱之爲「對子」[63]，陳望道《修
辭學發凡》[64]云：

> 說話中凡是用數字相等，句法相似的兩句，成雙作對排列成
> 功的，都叫做對偶辭。……。但對偶所以成立，在形式方面
> 實是普通美學上所謂的均齊。

「對偶」之體與用，種類繁富，方式多端，變化無窮。若從
修辭學的角度著眼，則依思兼先生（沈謙）《修辭學・對偶》的
句型分類，約可歸納爲「當句對」、「單句對」、「隔句對」、
「長偶對」四種，如此分類，一則以執簡馭繁，一則可以兼該古
今[65]。《孫子》的文字雖屬散體，但有意追求文字的整齊、語言
的協韻，在運用對偶句式，具有詩歌的情韻，讀起來琅琅上口，
易于傳送。

壹　當句對

同一句中，上下兩個短語，自爲對偶，是爲「當句對」，又

---

62 李曰剛《文心雕龍斠詮・麗辭》p.1601。
63 黃永武《字句鍛鍊法・儷辭》p.32。
64 陳望道《修辭學發凡・對偶》p.199。
65 沈謙《修辭學・對偶》p.453。

名「句中對」，這是最短的對偶[66]。在《孫子》全文，經常使用兩個字數相等、結構相同的語句并在一起以表示其相關的意思。如：

　　卒強吏弱，曰弛。吏強卒弱，曰陷。（〈地形〉）

　　故明君賢將，所以動而勝人，……。（〈用間〉）

　　前死后生，此處平陸之軍也。（〈行軍〉）

　　凡軍好高而惡下，貴陽而賤陰，……。（〈行軍〉）

以〈地形〉而言：士卒強勇，而軍官懦弱，不能發揮統轄制馭之權坐令軍紀廢弛，謂之「弛兵」；而軍官強勇，士卒乏訓，臨陣畏縮怯懦；軍官勇進，士卒不能伴隨；此與徒手投于陷阱無異，故謂之「陷兵」。因「對偶」須字數相同、兩兩相等、力避字同意同；「卒強吏弱」、「吏強卒弱」皆為同一句，上下兩個短語；「卒強」對「吏弱」、「吏強」對「卒弱」，自為對偶，是為典型「當句對」。

貳　單句對

　　語文中上下兩句，字數相等，詞性相同,平仄相對，是為「單句對」[67]。單句對是對偶中最普通常見的。不只是近體詩的基本句型，而且在古今語文中也時時可見，〈虛實〉云：

　　五行無常勝，四時無常位，日有短長，月有死生。

以「五行」對「四時」、「常勝」對「常位」、「日」對「月」、「短長」對「死生」，兩兩間不但是形式整齊之「對偶」，在內容意義上也是「映襯」。在「五行」：金、木、水、火、土彼此相生相剋，沒有那一個可以保持常勝；在「四時」：春、夏、秋、

---

66 黃慶萱《修辭學・對偶》p.608。
67 沈謙《修辭學・對偶・單句對》p.458。

多交互替代，沒有那一個可以保持常位；白晝有短有長，日月則有晦明、有虧盈。

參　隔句對

第一句與第三句對，第二句與第四句對，是爲「隔句對」，又名「扇對」[68]。「隔句對」雖不若「單句對」普遍，但在《孫子》各篇中頗常出現，〈地形〉云：

視卒如嬰兒，故可與之赴深谿；視卒如愛子，故可與之俱死。

賢將撫循士卒，有如嬰兒，則部眾感思激奮，雖處深山幽谿之中，可以赴之；維護士卒，如同愛子，則人心團結，可與共死生，蒙大難而不辭。上例以第一句「視卒如嬰兒」對第三句「視卒如愛子」，第二句「故可與之赴深谿」對第四句「故可與之俱死」。形式上不但是典型的「隔句對」，使孫武力諫吳王在領導統御上，能以德感召部屬時，理直氣壯，更具說服力。

第六節　排　比

用一連串結構相同或相似的語句去表達相關內容的修辭方式，是爲「排比」[69]。「排比」的句法結構相似，容易與「對偶」混淆，陳望道《修辭學發凡》[70]曾經揭舉排比與對偶之三項差異：

一、對偶必須字數相等，排比不拘。

二、對偶必須兩兩相對，排比也不拘。

68　沈謙《修辭學・對偶・隔句對》p.465。
69　黎運漢、張維耿《現代漢語修辭學・修辭方式》p.417。
70　陳望道《修辭學發凡・積極修辭四》p.201。

三、對偶力避字同意同，排比卻以字同意同為經常狀況。

依黃永武《字句鍛鍊法》[71]云：

> 連綴若干句型相等，而句意不等的文句，來強調同一範圍的
> 事象，構成一小組排句，來強化語氣的辭格，叫做排比。

然黃氏並未明顯定義，致使「排比」與「類疊」極易混淆。思兼
先生（沈謙）所著《修辭學》給「排比」加了一個條件：「最少
三句[72]」，始為明確區隔。此理亦同于路燈照和成九田合著《古
詩文修辭例話》[73]云：

> 排比是用三個或三個以上字數大致相等，結構相似，語氣一
> 致的詞組或句子，連串地排迸起來表達相類或相關內容的一
> 種修辭方式。

另依黃慶萱《修辭學‧排比》[74]曾指出排比與類疊之迥異云：

> 類疊是一種意象重復發生，或為重疊的，或為反復的。排比
> 卻是數種意象有秩序有規律地連接發生。類疊在美學上，基
> 于劃一中的多數；而排比卻是基于多樣的統一與共相的分
> 比。

《孫子》十三篇中使用最多的修辭方式是「排比」，其能廣
泛流傳至今，除具專業軍事背景外，緣因于它的語言表達極具特
色，文中多採「排比」之因：既可梳清條理，又益增文章磅礡的
氣勢，更突顯說理的邏輯力量，在前后語句整齊的輝映下，自然
而然增強了說服力，〈地形〉云：

> 厚而不能使，愛而不能令，亂而不能治，譬如驕子，不可用

71　黃永武《字句鍛鍊法‧排比》p.53。
72　沈謙《修辭學‧排比》p.481。
73　路燈照、成九田《古詩文修辭例話‧排比》p.172，台北：台灣商務印書館，
　　1987 年 10 月。
74　黃慶萱《修辭學‧排比》p.651。

也。

上例指出：賢將愛護士卒，則部眾思奮感恩。反之，倘厚待士卒，竟而不能驅使之，溺愛而不能命令之，亂法而不守軍紀，亦無法治之以刑罰，此種軍隊傲惰成性，如放蕩不羈之驕子，萬不可用于作戰。在這段議論中，前三個句子排迭起來作爲喻證，向吳主闡明「愛護部下與統御嚴明」之責任，以前引之「厚」、「愛」、「亂」與后述之「不能使」、「不能令」、「不能治」相互輝映，鋪陳出「驕軍難用」，議論推理頗有條順，極富說服力。

　　排比的分類，依黎運漢和張維耿合著的《現代漢語修辭學》將之分爲三類：句子成分的排比；句子的排比；段落的排比[75]。然思兼先生（沈謙）在《修辭學》中則依據語言的結構，分爲「單句之排比」與「複句之排比」[76]二類：

壹　單句之排比

　　用結構相似的單句，接二連三地表達同範疇同性質的意象，是爲「單句之排比」，若廣義而言，尚應包括句子成份的排比[77]。在《孫子》中，可舉例子相當普遍，〈計〉云：

　　　利而誘之，亂而取之；實而備之，強而避之；怒而撓之，卑
　　　而驕之；佚而勞之，親而離之。

上例連用八句排比意指：對敵示以餌利，誘敵來而破之；設計擾亂敵軍，進而襲取之；敵勢充實時，則當爲「不可勝」以防備之；敵盛則暫避而待機；敵將剛忿，則辱之令其怒；彼志氣撓惑，則不謀輕進，可掩而擊之；卑辭厚賂，使敵志驕，則怠而不備，可

75　黎運漢、張維耿《現代漢語修辭學・排比》p.147。
76　沈謙《修辭學・排比》p.482。
77　沈謙《修辭學・排比》p.482。

襲而破之；敵人安逸，當設計使勞之；敵上下相親，當設計離間
之，此乃乘敵之道也。〈計〉中各句如「利誘」、「亂取」、「實
備」、「強避」、「怒撓」、「卑驕」、「佚勞」、「親離」等
句之連貫，將兵家克敵制勝的奧妙，簡明而具體的表達；　彷彿
敵人、獵物就在眼前，掙脫不了掌握，隨我而動，《孫子》以連
續八個單句藉由「排比」說理透徹，能使通篇文詞聯貫而下，其
行文暢達，氣勢雄偉，勁健奔勝，形成滔滔不絕的壯觀氣象。

　　在「排比」形式上配合著〈計〉具體強調，突顯出當時兵家
行動，無不將「詭詐」視爲軍事法則的必然。如〈虛實〉云：

　　　故策之而知得失之計，作之而知動靜之理，形之而知死生之
　　　地，角之而知有餘不足之處。

上例指出：爲能有效調動敵人的課題上，《孫子》提出了「策之」、
「作之」、「形之」、「角之」等一系列結構相似的單句，接二
連三地傳達出如何在戰場上形成局部的「我眾而敵寡」之作爲，
如此平列的四句話，表達同範圍同性質的意象，有意加重讀者的
印象，其內容當然是典型「單句的排比」，藉由正確的兵力運用，
進而能克敵制勝之敍述，行文間簡潔流暢，將虛實變動的構想化
爲具體的呈現。

貳　複句之排比

　　用結構相似的複句，接二連三地表達同範疇同性質的意象，
是爲「複句之排比」，廣義而言，包括了段與段的排比[78]，〈行
軍〉云：

　　　敵近而靜者，恃其險也；遠而挑戰者，欲人之進也；其所居

---

[78] 沈謙《修辭學・對比》p.491。

易者，利也。眾樹動者，來也；眾草多障者，疑也。鳥起者，
伏也；獸駭者，覆也。塵高而銳者，車來也；卑而廣者，徒
來也；散而條達者，樵採也；少而往來者，營軍也。

辭卑而益備者，進也；辭強而進驅者，退也；輕車先出居其
側者，陳也；無約而請和者，謀也；奔走而陳兵車者，期也；
半進半退者，誘也。

就〈行軍〉而論：其所運用之「複句的排比」，大都圍繞在行軍
中對敵情觀察與判斷：「相敵」；大軍從集結地機動至決戰地，
在機動的過程中，爲求「全軍」，勢必對戰地各種地形進行分析：
「知地」，以及可能遭遇到各種情況加以判斷：「知彼」。由敵
之「戰法」、「水草」、「鳥獸」、「塵埃」、「辭約」、「布
陣」、「兵卒士氣」、「體力強弱」等徵候分析，藉以採取適當
的對策。孫武強調須時時觀察敵軍行動變化，及戰陣狀態之變異，
尋求其弱點，相機應變，乘虛蹈隙，文中運用結構相似的「複句」，
接二連三從不同的角度、相異的層面加以強調，鋪陳出研判敵情
的方法，然文學意境也在多層次的推進中深化，致文詞連貫，氣
勢宏偉，說理暢達。

第七節　層　遞

　　說話行文時，針對至少三種以上的事物，依大小、輕重、本
末、先后等一定的比例，依序層層遞進的修辭方法，是爲「層遞」
79。黎運漢與張維耿合著《現代漢語修辭學》中指出層遞運用時

---

79 沈謙《文心雕龍與代修辭學・層遞》p.359。

要注意：

　　一、構成層遞的語句，要有內在聯繫，表現出階梯式的層次
　　　　差別。

　　二、排列時要注意邏輯順序，不能雜亂無章[80]。

　　「層遞」由于上下句意義的規律化，具有一貫的秩序，易于
了解記憶，且可重點突出，給予讀者強烈而深刻的印象，〈謀攻〉
云：

　　　　故上兵伐謀，其次伐交，其次伐兵，其下攻城；攻城之法，
　　　　為不得已。

上例概含四層涵意：

　　「上兵伐謀」為第一層，乃指用兵的上策是以智謀克敵制勝。

　　「其次伐交」為第二層，係指等而次之的作法，是通過外交
途徑克敵制勝。

　　「其次伐兵」為第三層，再其次是運用武力，經過野戰用兵
克敵制勝。

　　「其下攻城」為第四層，最下策是強攻敵人的城邑。

孫武藉「伐謀」、「伐交」、「伐兵」、「攻城」等用兵利弊，
由優而劣，逐層遞降的修辭方法，鋪陳出層層攻敵手段，直指出
「攻城」之禍害所在。這種技巧使文章結構精巧，條理清晰，給
予讀者的印象，井然有序，又如：

　　　　故用兵之法，十則圍之，五則攻之，倍則分之，敵則能戰之，
　　　　少則能逃之，不若則能避之。

野戰用兵法則，是以運用謀略為主，在上例〈謀攻〉中，計有下
列六層涵意，如：

80　黎運漢、張維耿《現代漢語修辭學‧層遞》p.151。

　　「十則圍之」爲第一層，指若我有十倍優于敵人之兵力就包圍它。

　　「五則攻之」爲第二層，若我有五倍優于敵人之兵力就攻擊它。

　　「倍則分之」爲第三層，指我有兩倍優于敵人之兵力就設法使其分散、進而打擊它。

　　「敵則能戰之」爲第四層，若我之兵力與敵人兵力相當時，也應敢于與其決一死戰。

　　「少則能逃之」爲第五層，指我之兵力太弱與敵人相差甚遠時，則要設法擺脫敵人，轉爲退卻或防禦。

　　「不若則能避之」爲第六層，若我之兵力與敵人相差懸殊時，則要實施轉進，遠離敵人，避免無謂犧牲。

　　在《孫子·謀攻》中對立足于戰場，企圖決勝的實際情形，提出了一系列具體的作戰原則，並依兵力眾寡：如「十」、「五」、「倍」、「敵」、「少」、「不若」，所採之對敵策略；計有「圍」、「攻」「戰」、「分」、「逃」、「避」，藉兵力數量由多至少，由少而不足，逐層遞減，使人對于兵力分合，靈活運用，了然于心，見解格外分明。

　　關于層遞的分類，各家說法不同。陳望道在《修辭學發凡》中並沒有分類，黃永武《字句鍛鍊法》[81]與路燈照、成九田合著《古詩文修辭例話》及黎運漢和張維耿合著的《現代漢語修辭學》[82]皆把「層遞」分爲「遞昇」與「遞降」。黃慶萱《修辭學》將層遞分單式、複式兩大類，單式有三細目，複式又分四細目，則

81　黃永武《字句鍛鍊法·層遞》p.60。
82　黎運漢、張維耿《現代漢語修辭學·層遞》p.151。

分類最詳備[83]，茲撮舉如后：

壹　單式層遞

一、前進式

若「層遞」之排列次序是由淺而深，從低到高，從小到大，從輕到重，屬前進式[84]，〈形〉云：

> 兵法：一曰度，二曰量，三曰數，四曰稱，五曰勝；地生度，度生量，量生數，數生稱，稱生勝。

上文所強調五事：「道」、「天」、「地」、「將」、「法」之綜合申論。如「度」者，判斷也；「量」者，部署也；「數」者，人力物力數量也；「稱」者，比較計算也；「勝」者，勝敗也。孫武考量敵情：即憑戰地之遠近險易研判，而擬定作戰計劃大綱，產生「度」；「度」決定以后，即依戰場之廣狹，研究作戰線之長短，決定軍種之配置，而產生「量」；以「量」為基礎，決定兵力之多寡，而產生「數」；由「數」之計算，知彼我兵力之強弱，而產生「稱」；依此四種法則研究，循序考量，可歸納出第五項結果──「勝」。其表達的意義由淺而深，由輕而重，循序遞增，層次井然，具有一貫的秩序，且接連使用，使語勢踵接，文氣健勁。

二、後退式

若「層遞」之排列的次序從深到淺，從高到低，從大到小，從重到輕，從后到前，從終到始，則屬後退式[85]，〈謀攻〉云：

83　黃慶萱《修辭學・層遞》p.673。
84　沈謙《修辭學・層遞》p.520。
85　沈謙《修辭學・層遞》p.520。

故曰：知彼知己，百戰不殆；不知彼而知己，一勝一負；不知彼不知己，每戰必殆。

上例指出：知彼知己，是多麼膾炙人口的名句！實為人類社會一切鬥爭的法則。就軍事領域言：明白敵我虛實，縱然百戰，都不會發生危險的；其次不明敵情，僅是認清自己，那麼打起仗來，勝敗不能預測，適等于博奕之舉。再其次，對敵情既不明白，甚至連自己軍隊戰力也不清楚，即使打起仗來，宛若盲人摸象，焉有不敗之理！

孫武為強調：大軍作戰前，著重「全」中求戰、戰中求「勝」規劃的重要，以戰爭之「不殆」、「一勝一負」、「必殆」等結果，彼此間環環相列、字字相扣，從「勝」到「敗」，從「重」到「輕」，從「高」到「低」；引申到從「全」到「破」，其間步步深入，句句遞降，除具「警策」作用外，另形成一種有秩序的「漸層美」。

貳　複式層遞

將前進式與后退式的層遞一前一后連接起來，屬複式層遞中的反覆式[86]，〈勢〉云：

亂生于治，怯生于勇，弱生于強。治亂，數也；勇怯，勢也；強弱，形也。

上例意指：「勢」，乃態勢也，指在戰場上，由于軍隊所處「形」之位置、狀態等不同，而造成潛在、易變、隨機和位、動能間力量互化。故「亂」、「怯」、「弱」之「遞降」可以在「治」、「勇」、「強」之「遞昇」間轉化。如「亂」與「治」決定了敵

---

86 黃慶萱《修辭學·層遞》p.675。

我間「士氣」之消長；「怯」與「勇」突顯出敵我間「氣勢」之
優劣；「弱」與「強」判斷出敵我間「力量」之對比。

　　軍隊的實力是將帥運用奇正之術，作為謀取戰場勝利的憑
藉，而軍隊之或治或亂，大半基于「分數」的嚴明；士兵之或勇
或怯，大半基于「兵勢」的得失；兵陣之或強或弱，大半基于「軍
形」的配備。軍形不為敵人所知則強，反之則弱；而「數」、「勢」、
「形」三者，藉由軍隊「人」、「事」、「物」中由小至大、由
細微至具體間之「遞昇」描述，孫武運用「層遞」中反覆循環，
則能充分說明「勢 」、「形」之互位。

第八節　相關修辭技巧的運用

　　《孫子》十三篇屬散文體，是兵家后學經過多年累代潤色而
成，在形式上追求文字的整齊、語言的協韻；在結構上追求內容
的簡潔、詞約而意豐。除前幾節有關修辭藝術之探討外，在《孫
子》其他內容上與部份修辭格有關，極富探究價值如「頂針」、
「引用」、「類疊」、「警策」、「回文」等，茲分析探究如后：

壹　頂　針

　　后面的開端，與前面的結尾，重複同樣的字詞或語句，前后
緊接，蟬聯而下，使得文章緊湊而顯現上遞下接趣味的修辭方法，
是為「頂針」[87]，〈作戰〉云：

　　　　國之貧于師者遠輸，遠輸則百姓貧。近于師者貴賣，貴賣則

---

[87] 沈謙《修辭學・頂針》p.527。

　　　　百姓財竭，財竭則急于丘役。

國家因用兵而導致貧困，主要由于遠道運輸；遠道運輸，百姓就必然貧窮，靠近大軍駐紮的地方會物價騰貴；物價騰貴則會導致百姓財源枯竭；財源枯竭，又會急于加徵賦役。深入遠方作戰的部隊，因其遠離基地，在人員、裝備及給養補充，均顯困難下，藉「遠輸」、「貴賣」、「財竭」、「丘役」等字詞前后重覆、緊湊蟬接，直接引出戰爭倘久拖不決，勢必民窮國敝，明主應慎之，良將應警之。前例是屬于句與句之間的「頂針」；又名「聯珠格」[88]，是前一句的末尾，與下一句的開端用同樣的字詞，如〈勢〉云：

　　　　戰勢不過奇正，奇正之變，不可勝窮也。

這段文字乃表示「奇正之變，不可勝窮」，孫武認爲正與奇互爲依托，在相互相變中創造戰機，于敵出其不意的打擊，使之措手不及，從而收到出奇制勝的效果。其中運用「奇正」連珠頂針，一句緊扣一句，句句頂接，除顯示「奇」、「正」兩兩循環外，另點出用兵之妙，深不可測；運兵之神，密而不可知。故奇正運用，其變化無窮，若躍然于紙上矣。

貳　引　用

　　說話作文中，援引現成語言文辭，以印證、補充、對照作者的本意的修辭方法，是爲「引用」[89]。「引用」的語辭包括經典精言、名人雋語，詩中的警句，社會上流傳的成語、諺語等，可分爲以下兩類：

---

88 沈謙《文心雕龍與現代修辭學・頂針》p.375。
89 黃慶萱《修辭學・引用》p.125。

一、明　引

明引：明白指出所引文字的出處和來源，是為「明引」[90]，〈軍爭〉云：

> 軍政曰：言不相聞，故為鼓鐸；視不相見，故為旌旗者。夫
> 金鼓旌旗者，所以一民之耳目也。

兵學在中國古代源遠流長，相傳在黃帝時，已經有軍事經驗之總結。在西周的戰爭理論著作；有《軍政》、《軍志》等。可惜已全部散佚，僅在《左傳》及《孫子》等著作中，還保留有極少的引文，尚可部份地反映當時的軍事思想[91]。《軍政》保留之佚文，主要有「見可而進，知難而退」、「強則避之」、「止則為營、行則為陣」等，「言不相聞，故為金鼓，視不相見，故為旌旗。」等；《軍志》保留之佚文，主要有「有德不可敵」、「允當則歸」、「知難而退」[92]等。上例〈軍爭〉所引出自《軍政》，其意指；為使軍隊不失掌握，則必須設置各種指揮器材和律定各種指揮信號[93]，這種引用具體事例和運用累代著作來說理的方法，不僅十分恰當，而且令人覺得深刻可信，無形之間增強了文章的說服力。

二、暗　用

引用時並未指明出處，直接將引文編織在自己的文章中或講

90　沈謙《修辭學‧引用》p.350。

91　楊寬《戰國史‧七強並立的形勢和戰爭規模的擴大》p.317，台北：台灣商務印書館，1997年10月。

92　《春秋左傳正義‧僖公二十八年》：「軍志曰：『允當則歸』又曰：『知難而退。』又曰『有德不可敵。』……」。

93　中國人民革命軍事博物館編著《中國戰爭發展史‧奴隸社會的戰爭型態——夏商西周時期》p.53，北京：人民出版社，2001年12月。

詞中，是爲「暗用」[94]，〈行軍〉云：

>　凡此四軍之利，黃帝之所以勝四帝也。

《孫子》引上例之意：在說明其軍事思想和謀略源自于黃帝，在銀雀山漢墓竹簡《孫子兵法》下篇中，保存了《孫子》一篇佚著〈黃帝伐赤帝〉[95]內容主要論述黃帝是如何戰勝四方之帝。這進一步表明：黃帝征戰的經驗，在春秋戰國時流傳甚廣，所以引用先賢致勝典故，不僅使兵法論證有據，更易令人信服，而這樣用典的手法，能使文字顯得凝煉精粹。讀者在面對「暗用」時，尤應具備廣博的知識，否則不是不易理解，便是陷于曲解，所以妥爲「引用」，不僅使文詞粲然，並與古人前后輝映，使得《孫子》不僅言之有物，在邏輯推理上更能令人折服。

參　類　疊

同一個字詞或語句，在語文中接二連三地反復出現的修辭方法，是爲「類疊」。類疊的內容有字詞的類疊、語句的類疊，表達方式有連接的、間隔的[96]。在《孫子》中則有將字連續重覆使用，故語氣加強，意境逼真。

一、疊　字

同一字詞的連接使用，是爲「疊字」[97]，如〈勢〉云：

>　紛紛紜紜，鬥亂而不可亂也；渾渾沌沌，形圓而不可敗也。

其謂：兩軍交戰時，我軍的隊伍旌旗，表象像絲一樣的紛亂，似

94　陳望道《修辭學發凡·引用》p.107。

95　李興斌、楊玲《銀雀山漢墓竹簡校本·孫子兵法新譯》p.79，濟南：齊魯出版社，2003年3月。

96　沈謙《修辭學·類疊》p.424。

97　黃慶萱《修辭學·類疊》p.532。

乎敗形已現，但由于平日訓練有素，指揮得當，決不致于分崩離
析，又我軍在渾渾沌沌的狀態中，似乎敗形已露，但由於奇正的
善用，正象徵圓環的旋轉無間，使敵無從捕捉著我的弱點以制勝，
唐‧杜佑《孫子注》[98]云：

> 紛紛旌旗像，耘耘士卒貌，言旌旗翻轉，一合一離，士卒進
> 退，或往或來，視之若散，擾之若亂，然其法令素定，度職
> 分明，各有分數，擾而不亂者也。車騎齊轉形圓者，出入有
> 道齊整也，渾渾車輪轉行，沌沌步驟奔馳，視其行陳縱橫，
> 圓而不方，然而指趨，各有所應。

上例以「紛紛」、「耘耘」、「渾渾」、「沌沌」等疊字狀貌。
孫武心目中理想治軍原則和標準；則可以由這段話中看出：在戰
場上紛紜雜亂、混沌不明的情況下打仗，必須將部隊部署得四平
八穩，始能應付自如，使敵對我無隙可乘，無法可擊。

二、類　字

字詞隔離的重複使用，是爲「類字」[99]，如：

> 故三軍之事，莫親于間，賞莫厚于間，事莫密于間。(〈用間〉)
> 凡地有絕澗、天井、天牢、天羅、天陷、天隙，必亟去之，
> 勿近也。(〈行軍〉)

從〈用間〉分析：唯具「知人」、「識人」、「用人」之才，始
可「馭間」。因爲用間之道，是情報布局之體現，孫武以類字「間」
狀：三軍之事，以間事最須親理、最須親密，其親愛、其賞賜、
其機密，莫不以間諜爲先。藉字詞隔離的重覆使用，以堅定的語
氣、委婉的舉措，刻劃出「用間」實關係著兵事的勝負，明君賢
將亟思掌握，卻又不可爲外人所聞的精微奧妙之理。

98　《宋本十一家注孫子‧勢》
99　黃慶萱《修辭學‧類疊》p.533。

三、疊　句

　　語句連續的類疊，是爲「疊句」，或稱「連續反復」。同一個句子，重複使用，可以強調語氣和情感，使讀者印象深刻[100]，如：

　　　　微哉！微哉！無所不用間也。（〈用間〉）

「微哉！微哉！」是典型的「疊句」，意謂：在戰爭的行爲中，沒有一件事能比得上「用間」的微妙，藉由「微哉」的重覆，適足以顯示孫武藉知人、識人、用人之道，強烈抒發對「用間」的重視與強調，使明君印象深刻。

四、類　句

　　語言隔離的類疊，是爲「類句」，或稱「間隔反復」。同一個句子，在文章中反復使用，中間被別的語言隔開，因而迥異於連續反復的疊句[101]，如：

　　　　見勝不過眾人之所知，非善之善者也；戰勝而天下曰善，非
　　　　善之善者也，……。（〈形〉）

其意指：賢將首重「不戰而屈人之兵」，能洞悉勝利機會之所在，若超不出常人所見，則不爲最完善之勝利，因爲必須出于交戰，始能所得；若須與敵力戰苦鬥後，始得勝利，縱獲天下好評，亦非最善，緣因其已蒙受無限的損失。文中藉「非善之善者也」之類句，以語言隔離、間隔反復的表達方式，則可以突出重點訴求，藉語氣反復強調，將無可言喻之「善」，能語重心長，希明君慎之、重之、警之。

100　沈謙《修辭學・類疊・疊句》p.435。
101　沈謙《修辭學・類疊・類句》p.440。

肆 警 策

　　語簡言奇而含意精切動人的，名爲「警策」，也稱「警句」，以能像蜜蜂，形體短小而有刺有蜜，最爲美妙。運用得當，文章氣勢就此一振[102]。

　　警策可分爲三種：

　　一、是將自明的事理極簡練地表現出來，使人感著一種格言味的[103]，如〈火攻〉云：

> 主不可以怒而興師，將不可慍而致戰。……，亡國不可以復存，死者不可以復生。

孫武提醒國家元首不可因一朝之怒而輕于興師，一軍之將亦不可因心中怒恨而遽然交戰；其興師、交戰，必須以國家利益爲前提，即認爲有利益（利國利軍）就行動，否則，應止而不動；怒慍是屬感情範圍，感情乃是一種變化不定的東西，好比今朝忿怒，明日可以復喜起來；此時怨恨，彼時亦可以復悅起來；由于春秋時期，列國爭霸，若國亡則不可再存，人死則不能復活，故明君慎始慎事，所以安其國；將謹嚴謹敵，所以全其軍。孫武以嚴肅的語氣向爲政者提出諍言，希慎行兵事，不可冒然輕啓戰端。

　　二、是將表面上兩兩無關的事物，捏成一句，初看似不可解，其實含有真理的[104]，如〈作戰〉云：

> 故知兵之將，民之司命，國家安危之主也。

　　孫武認爲將帥實乃「民之司命，國家安危之主」，如不能「盡知用兵之害」，也就不可能「盡知用兵之利」。明張居正闡釋其

102　陳望道《修辭學發凡・警策》p.188。

103　陳望道《修辭學發凡・警策》p.188。

104　陳望道《修辭學發凡・警策》p.189。

意，最爲中肯，堪爲「警策」之佳者，《開宗直解・鼇頭七書》[105]
云：

> 智將能敵而益強，又能速勝，故國家賴以安而不危，斯爲國
> 家安危之主。武侯生則蜀興，死則蜀亡。子儀以一身係天下
> 安危二十年，皆主國家安危之將者。

上例指出：「將」與「兵」初看似爲兩無關事物，實爲命運共同
體，精通用兵之將，是民眾命運的掌握者，更主宰國家的安危。

　　三、是話面矛盾反常而意思還是連貫通順，可以稱爲「奇
說」、「妙語」（Paradox）的一種警策辭。這是警策辭中最爲奇
特，卻又最爲精采的一種形式[106]，〈九地〉云：

> 投之亡地然后存，陷之死地然后生。

其指：如受敵包圍日緊時，各方通路已被遮斷；或遇敵而無要害
可守；或臨敵而食且盡，均可謂之死地。要之，士兵的心理是這
樣的：把他們投之滅亡之地時，則他們必出于苦鬥，常可保存；
又，把他們陷于必死之地時，則他們必出于苦戰，常可得生。孫
武認爲霸王之兵深入敵國作戰有三項優點：

　　一、士卒便于控制，不易逃散。

　　二、可以就地解決給養問題。

　　三、士卒深陷險地，就會死戰求生，反易致勝。

　　而「投之亡地然后存，陷之死地然后生」這一軍事名言所包
含的深刻道理就在此。

---

105 見魏汝霖《孫子兵法大全・作戰篇第二》p.88，台北：黎明文化公司，1970
　　年 5 月。
106 陳望道《修辭學發凡・警策》p.189。

伍　回　文

上下兩句，詞彙大多相同，詞序排列恰好相反，造成回環往復形式的修辭方法，是「回文」[107]，〈虛實〉云：

> 不知戰地，不知戰日，則左不能救右，右不能救左，前不能救后，后不能救前，……。

以上說明機動作戰時戰場選定之要領：凡不明敵情之虛實者，則備于此，必薄于彼；備于前則薄于后；備于右則左薄，備于左則右薄，處處均備，則無處不薄也。就其形式結構而言，因「左不能救右」、「右不能救左」，「前不能救后」、「后不能救前」，上句依序倒讀，即爲下句，在回環往復中，即可以順讀，又可以倒讀，是爲「嚴式回文」，不但內容饒有趣味，並將孫武強調軍隊對預期決戰之地，務須保密，勿使敵知之，于言詞中再三叮嚀，予讀者極深刻之印象。

第九節　《孫子》的文眼 ── 〈謀攻〉

《孫子》十三篇，文章的布局謀篇已達到相當成熟的程度。它每篇都有標題，不像《老子》每章只列序號而無標題，它的標題文字極其精鍊，往往就是該篇的精義所在，即所謂之「文眼」，啓發人們對于各篇內容的體會與把握。《孫子》的各篇文章皆能緊扣中心，展開敘述或議論，中心又首尾呼應著孫武「用兵」之主旨，環扣絲連，在層層剖析中向縱深拓展，不像《論語》是若

---

[107] 沈謙《修辭學・回文》p.560。

干斷片的篇章集合體[108]。而這些篇章的排列次序欠缺條理；就是前后兩章也不一定有什麼關連。而且這些斷片的篇章絕不是一個人的手筆，其篇幅不多，卻出現了不少重覆的章節，這在《孫子》通篇中絕無僅有的。到春秋后期，出現了用「也」、「乎」、「焉」等語助詞的文體。孔子招收學生講學，所有著學和言行的記錄，都採用了當時的口語虛詞，《論語》便是靈活運用了這種文體寫成，《孫子》是採用類似形式闡述軍事思想的第一部著作[109]。

　　《孫子》的布局謀篇已達到完整的專題論文要求，這可能是經過戰國時期的兵家后學累代潤色完成[110]。現以〈謀攻〉試作分析，先依原文如次：

> 全旅為上，破旅次之；全卒為上，破卒次之；全伍為上，破伍次之。是故百戰百勝，非善之善者也；不戰而屈人之兵，善之善者也。故上兵伐謀，其次伐交，其次伐兵，其下攻城；攻城之法，為不得已。修櫓轒轀，具器械，三月而后成，距闉又三月而后已；將不勝其忿，而蟻附之，殺士三分之一，而城不拔者；此攻之災也。故善用兵者，屈人之兵，而非戰也；拔人之城，而非攻也；毀人之國，而非久也。
>
> 必以全爭于天下，故兵不頓，而利可全，此謀攻之法也。
>
> 故用兵之法，十則圍之，五則攻之，倍則分之，敵則能戰之，少則能逃之，不若則能避之。故小敵之堅，大敵之擒也。
>
> 夫將者，國之輔也，輔周則國必強，輔隙則國必弱。

108　楊德崇《譯注論語自修讀本・導言》p.3，台北：藝文印書館，1991 年 5 月。

109　楊寬《戰國史・戰國時代文化的發展》p.615，台北：台灣商務印書館，2001 年 11 月。

110　楊樹增《先秦諸子散文 —— 詩化的哲理》p.271。

故君之所以患于軍者三：不可軍之不可以進，而謂之進；不知軍之不可以退，而謂之退，是謂靡軍。不知三軍之事，而同三軍之政者，則軍士惑矣。不知三軍之權，而同三軍之任，則軍士疑矣。三軍既惑且疑，則諸侯之難至矣，是謂亂軍引勝。

故知勝有五：知可以戰與不可以戰者勝；識眾寡之用者勝；上下同欲者勝；以虞待不虞者勝；將能而君不御者勝。此五者，知勝之道也。

故曰：知彼知己者，百戰不殆；不知彼而知己，一勝一負；不知彼，不知己，每戰必殆。

孫武以〈謀攻〉爲篇名，揭示了本篇以「運用謀略，克敵制勝」爲主旨，前接〈作戰〉之廟算決策后，如何著眼于戰爭準備；后引出〈形〉之從敵我雙方實力對比，巧妙運用攻與守，達到「自保而全勝」的目的。創奇于「不戰而屈人之兵」之原理，而歸結于「知彼知己，百戰不殆」之名言。

唐‧杜牧《孫子注》[111]云：

廟堂之上，計算已定，戰爭之具，糧食之費，悉已用備，可以謀攻。故曰〈謀攻〉也。

由上例引出本篇標題說明：孫武爲何以「不戰而屈人之兵」和「全勝」，作爲將帥用兵時所應追求的最高境界，突出了以謀勝敵，并深刻的揭示了「知彼知己，百戰不殆」這一著名的軍事警策，是一切戰略戰術作爲的起點，堪稱爲《孫子》十三篇之核心。

作戰之目的在求勝，須殲滅敵之有生力量，摧毀其一切作戰

108 楊德崇《譯王編語自修讀本‧學習》，p3。台北：藝文印書館，1991 年 5 月。

109 楊國史《戰國語代文化的發展》p.815。台北：古籍術斟前中書前──，2001

110 楊樹達《先秦諸子──荀礼的研究》

111 《宋本十一家注孫子‧謀攻》：「廟堂之上，計算已定，戰爭之具，糧食之費，……。故曰〈謀攻〉也。」

能力，屈服其作戰意志，以迅速獲致徹底勝利[112]。而求勝的方法具各種形式，相較之下，孫武認爲以智降服敵人則爲上策，藉武力擊破使之屈服則屬下策。所以百戰百勝並不算高明，真正高明的是不戰而使敵人屈服。也就是上策是在謀略上挫敗敵人，其次是在外交上挫敗敵人，下策才是兵臨城下，鋒鏑對峙。如果不顧一切實施強攻，那恰好給自己帶來災難，而以謀略取得全勝，這是謀攻的原則。前兩段都圍繞在「謀攻爲上、力攻爲下」這個中心，從不同角度展開說明；二段之間前后互爲照應，緊密聯繫，層層推理，極富說服性。然倡導謀攻，並非等于厭兵，它是植立基于軍事實力的基礎上。

在戰場實務上，如何去屈服敵人呢？首先要講究具體的「謀攻」方法：孫武主張十倍于敵的兵力時，就圍敵而逼其降；有五倍于敵的兵力時，就主動出擊；有兩倍于敵兵力時，就要努力戰勝敵人；與敵人兵力相等時，就必須分散敵人的兵力；兵力少于敵時，就堅壁自守；兵力弱于敵人時，就避免作戰。如果兵力薄弱還要硬拚，勢必兵敗成爲強敵之虜。強能勝弱，弱而不敗，這全靠正確的「謀攻」。

「謀攻」至關重要，所以孫武對謀攻主導者「將帥」的角色十分重視，他認爲才智兼全的將帥輔佐君主，則國必勝，反之，則國家必然衰弱。對于國君而言，也必須具備「知勝」的思想，否則就會出現三種「不知」而危害軍隊的例子，形成易亂其軍，自尋敗亡。而與三種「不知」之患相左的是五種「知勝」之道，故在篇末收尾時，再次強調「知」與「不知」的相異結果。如「全知」：

---

112 《陸軍作戰要綱 —— 聯合兵種指揮釋要·總綱》：「作戰目的 1001『軍以作戰爲主，作戰目的，在殲滅敵之有生力量，……』」p.1，龍潭：陸軍總司令部，1991 年 6 月。

即既了解自己又了解敵人,則百戰也不會有失敗的危險;「半知」:
即只了解自己不了解敵人,勝敗可能各占一半;「全不知」:即
對敵我雙方全然不了解,則每次用兵都會有潰敗之虞。這與文章
開頭所提的「上策」與「下策」前后呼應,更加突顯了「知勝」
的精義。

　　綜上所論,《孫子》全書以「謀攻」為中心,以智取與力攻
為對比,著重于闡釋「知勝」的思想,提綱挈領,條理清晰。文
章有著正面議論述理,亦有著反面道理辯明,藉正、反對比,能
多方鋪說,又層層深入,有曲折起伏,富邏輯推理,全篇以「謀
攻」一以貫之,使段與段間銜接自然,而各段中又有小結,各小
結內又以「知己知彼」為要旨,正如宋‧鄭友賢《十家註孫子遺
說并序》[113]云:

> 學兵之士,嘗患武之為說,微妙而不可究,則亦儒者之易乎?
> 蓋易之為言也,兼三才,備萬物,以陰陽不測為神。是以仁
> 者見之謂之仁,智者見之謂之智,百姓日用而不知。武之為
> 法也,包四種,籠百家,以奇正相生為變。是以謀者見之謂
> 之謀,巧者見之謂之巧,三軍由之而莫能知之。

本篇呈現出先秦兵家散文的特色:立意深刻、結構嚴謹、語言優
美、字句洗鍊、形象生動、文彩多姿、氣勢宏偉、聯想豐富、邏
輯嚴密等特點。

---

[113] 宋‧鄭友賢〈十家註孫子遺說并序〉,見楊丙安《十一家注孫子校理》p.316,
　　 北京:中華書局,2004 年 2 月。

第六章　結　論

　　春秋時代，周文疲弊，百家爭鳴，列國諸侯，爭相兼併，諸家思想，莫不言兵，如孔子在《論語・子路》[1]云：

> 以不教民戰，是謂棄之。

此言民不可不教而使之戰鬥。另子貢問政時：孔子將足食、足兵與民信等並列[2]；孔門亦以「禮、樂、射、御、書、數」六藝教導學生，門下弟子投身于國際事務，乃至于作戰指揮者多人。觀諸《漢書・藝文志・兵書略》與諸子、六藝等并載于七略[3]，足見當時兵家之學術思想已粲然大備。而〈兵書略〉中即首列《孫子》[4]，唐太宗云：「朕觀諸兵書，無出孫武[5]。」《四庫全書總目提要・兵家類》[6]云：「武書爲百代談兵之祖。」足見其早爲中國傳統兵家所奉行的圭臬。

1　魏・何晏等注、宋・邢昺疏《論語注疏・子路》p.303，台北：新文豐出版公司，2001 年 6 月。
2　《論語注疏・顏淵》：「子曰：『足食，足兵，民信之矣！』……。」p.269。
3　班固撰《漢書・藝文志》：「會向卒，哀帝復使向子侍中奉車都尉歆卒父業，歆于是總群書而奉其七略：故有輯略、有六藝略、有諸子略、有時賦略、有兵書略、有術數略、有方技略，今刪其要以備篇籍。」p.436，台北：台灣商務印書館，1996 年 12 月。
4　《漢書・藝文志》p.448。
5　陽明先生手批《武經七書・李衛公問對・卷中》p.259，台北：三軍大學景印，1976 年 6 月。
6　清・紀昀、永瑢等編撰《四庫全書總目提要・子部・兵家類》p.1954，台北：藝文印書館，景印本，1969 年 3 月。

　　以《孫子》為首的我國古典兵法，迄今仍受到重視，這已然不是單純的戰術對近代武器是否有效的膚淺問題。西方以合理主義為基礎的科學戰略，將人視為機械、唯物，其本身難免侷限。也唯有根植在有頭腦內在奧秘中的「兵法」，始能揭露其盲點[7]。《孫子》內涵博大精深，蘊含的合理思維，至今仍散發著恆理的光芒，其主要特色有以下幾點：

第一節　《孫子》軍事思想體系的特色

　　《孫子》雖僅六千餘言，卻涵蓋戰爭觀、國家戰略、軍事戰略及戰術理則等。然戰術與部隊編裝息息相關，以其所處時代之軍隊編裝，所考量的戰略、戰術理則，拿來對照現今科技編裝，自然不再適用，但孫武的戰爭觀及戰術理則，卻是顛撲不破之至理，放諸于四海皆準。

壹　執持慎戰又全軍之戰爭觀[8]

　　《孫子》根據春秋諸侯競相兼併的實情，繼承了子罕所提「廢興、存亡、昏明之術，皆兵之由也」[9]，開宗明義，客觀地指出戰爭的地位與作用，提出「兵者，國之大事也，死生之地，存亡之

---

[7] 孫一之譯述《人生即戰鬥——百戰百勝的兵法寶典·武經七書·序論》p.11，台北：星光出版社，1976 年 12 月。

[8] 中國人民革命軍事博物館《中國戰爭發展史·軍制發展兵學成熟的車戰時代——春秋時期》p.85，北京：人民出版社，2001 年 12 月。

[9] 晉·杜預注、唐·孔穎達等正義《春秋左傳正義·襄公二十年》：「宋左師請賞，……子罕曰：『凡諸侯小國，晉、楚所以兵威之，畏而后上下慈和，……聖人以興，亂人以廢。廢興、存亡、昏明之術，……。』」

道，不可不察也」（〈計〉），它提醒國君必須重視戰爭、研究戰爭，慎待戰爭。孫武的慎戰思想，貫串于整個戰爭的進程，首先它要求戰前「廟算」必須針對道、天、地、將、法五項制勝的基本因素，從「主孰有道」（〈計〉）等七計進行敵我對比計算，預測戰爭勝敗的概率，然后考慮戰爭的利害得失，得出「非利不動，非得不用，非危不戰」[10]之結論，在具有勝利把握，且又有利可圖時，才能定下發動戰爭的決心；堅決反對感情用事，輕率出兵。它提到「主不可以怒而興師，將不可以慍而致戰」，因爲「怒可以復喜，慍可以復悅，亡國不可以復存，死者不可以復生」。所以「明君慎之，良將警之」，才是「安國全軍之道」。爲了謹慎，它還傳承了楚莊王「不虞」、「無備」[11]的思想，要求在精神、物質上，都要有充分的戰爭準備，如「無恃其不攻，恃吾有所不可攻」（〈九變〉），強調「以虞待不虞者勝」（〈謀攻〉），「立于不敗之地」（〈形〉）。

貳　不戰而屈人之兵之戰略觀

孫武的戰略，一言以蔽之，就是「不戰而屈人之兵」。《孫子》效法楚莊王「止戈爲武」[12]的精神，又擷取齊桓公依靠外交、

---

[10]　《宋本十一家注孫子·火攻》：「故曰：明主慮之，良將修之。非利不動，非得不用，非危不戰。主不可以怒而興師，將不可以慍而致戰。合于利而動，不合于利而止。怒可以復喜，……。故明君慎之，良將警之，此安國全軍之道也。」

[11]　魏·曹操等注《春秋左傳正義·宣公十二年》：「其君之戎分爲二廣，廣有一卒，卒偏之兩。右廣初駕，數及日中，左則受之，以至于昏。內官序當其夜，以待不虞。不可謂無備。……。」香港：寶華齋書社，2002 年 6 月。

[12]　《春秋左傳正義·宣公十二年》：「丙辰，楚重至于邲，遂次于衡雍。潘黨曰：『君盍築武軍而收晉尸以爲京觀？……。』楚子曰：『非爾所知也。夫文，止戈爲武。武王克商，……』」

攻心等非武力手段，能「九合諸侯，不以兵車」的歷史經驗，在管仲「至善不戰」[13]的思想基礎上，發展出「不戰而屈人之兵」—— 力爭全勝的國家戰略。孫武提出的「不戰而屈人之兵」並非虛無縹緲，而深具實用性。近人龔留柱在《武聖經典》[14]曾作詳細分析：

> 一、它可以減少戰爭生產力的破壞，有利于社會的發展。
>
> 二、它可以縮短戰爭進程，避免「鈍兵挫銳，屈力殫貨」，節省戰爭耗費，符合孫子「兵貴勝，不貴久」的戰場經濟學原則。
>
> 三、它可以對敵方采取寬大政策，避免因「殺人父兄，斷人肢體」，引起的仇恨情緒，有利于緩和敵對和反抗，勝利成果易于鞏固，比戰爭的預后效果更好。

龔氏以「兵災戰禍不可復」等戰地實況，佐以戰場經濟學驗證孫武為何于〈謀攻〉提出「凡用兵之法，全國為上，破國次之；全軍為上，破軍次之……是故百戰百勝，非善之善者也；不戰而屈人之兵，善之善者也」之警策，文中反覆強調：兵災乃人為，是可以避免，若無法避免時，則必須將「不戰而屈人之兵」之理念作為擬定軍事行動基礎。

上文中的「不戰」：並不是不要戰爭，更不是不要軍隊，恰恰相反，它必須以堅強的軍事力量作為后盾，才有可能不戰而勝，或以最小的代價迫使敵人屈服。孫武明白的表示：堅強的軍事力量，必須是一支「霸王之兵」，才能「威加于敵」[15]；甚至與敵

---

13 漢・劉向校定、李勉注釋《管子今註今譯・兵法》p.323，台北：台灣商務印書館，1988 年 7 月。

14 龔留柱《武聖經典 —— 孫子兵法與中國文化》p.49，開封：河南大學出版社，1997 年 6 月。

15 《宋本十一家注孫子・九地》：「夫霸王之兵，伐大國，則其眾不得聚。

人在力量對比上應達到「以鎰稱銖」[16]，在《國軍統帥綱領‧統帥要旨》[17]亦有類似的敘述，如求勝求全：武力戰以徹底殲滅，獲致全勝為目標；並力求以最少代價，獲致較大戰果，而達到全軍破敵之目的，此乃戰場上破敵之要，古今皆然。

參　詭道與謀略之野戰戰略觀

《孫子》從戰爭發展中，特別是在晉文公時即已提倡「譎而不正」[18]的思想，歸結出「兵者，詭道也」（〈計〉）這一符合戰爭本質的命題，突顯出詭道謀略的思想。孫武以「能而示之不能，用而示之不用，近而示之遠，遠而示之近。利而誘之，亂而取之，實而備之，強而避之，怒而撓之，卑而驕之，佚而勞之，親而離之。攻其無備，出其不意。此兵家之勝，不可先傳」（〈計〉）對「詭道」詮釋，從以上說明：「詭道」不僅是欺敵，還包括有計算、謀劃和制定方案等內容；是以最小代價換取最大的利益的方法及策略。

戰爭是敵我實力的對抗，謀略決策是否符合實際，將成為勝敗的關鍵。孫武曾多次強調「先知」的重要，如「明君賢將所以動而勝人，成功出于眾者，先知也」（〈用間〉），「知戰之地，知戰之日」[19]以及「知諸侯之謀」（〈九地〉）等，總括而論：就是要全面了解敵我雙方及天文、地理等各種情況，進而做出正

威加以敵，則其交不得合，……。」
16　《宋本十一家注孫子‧形》：「故勝兵若以鎰稱銖；敗兵若以銖稱鎰。」
17　《國軍統帥綱領‧統帥‧通則‧統帥要旨》p.1-8，台北：國防部，1985 年 1 月。
18　《論語注疏‧憲問》p.318。
19　《宋本十一家注孫子‧虛實》：「故知戰之地，知戰之日，則可千里而會戰。」

確的判斷，擬預期可勝之方略。從「知」的分析，又以掌握敵情爲要，《孫子》提出兩種主要方法：

一、用 間 — 戰略偵察

即利用間諜偵察敵情並實施離間。孫武不僅主張「上智爲間」，還要求「五間俱起」，藉以掌握敵人的國情、政情、組織、兵力結構、作戰序列、重要人物、兵要地誌、后備動員能力等，其內容基本是屬于戰略偵察性質[20]，是戰略性謀略決策之依據。

二、相 敵 — 戰術偵察

即通過觀察判斷敵情。《行軍》中，就記有觀察敵人的言論、行動及各種徵候來判斷敵情的三十一種具體方法，其內容基本上屬于戰場偵察性質[21]，是戰術性謀略決策的依據。

謀略決策是由人策劃，所以孫武非常重視運用謀略之人，他認爲「夫將者，國之輔也，輔周則國必強，輔隙則國必弱」（〈謀攻〉），甚至不無夸大的指出「故知兵之將，生民之司命，國家安危之主也」（〈作戰〉），戰爭既然由力勝發展爲謀勝，相對地在軍事人才的選拔必然有所調整，例如西周時，要求將帥必須具備的條件是「勇、智、仁、信、忠」[22]，將「勇」置于首位，而春秋時《孫子》所要求將帥的條件是「智、信、仁、勇、嚴」，

---

20 《國軍統帥綱領‧參謀本部全般指導‧戰略情報與軍事謀略》：「戰略情報爲戰爭及武力戰策劃指導之重要依據，其內涵之要項如下：一、軍事思想、組織、政策制度、重要準則。二、三軍兵力結構、……。」p.2-11。

21 《陸軍作戰要綱 — 聯合兵種指揮釋要‧野戰要務‧搜索、偵察及觀測》：「偵察：利用目視或其他偵測方法，偵察、察看敵情、地形、天侯等情報資料。」p.4-4，龍潭：陸軍總司令部，1991 年 6 月。

22 陽明先生手批《武經七書‧六韜‧論將》：「武王問太公曰：『論將之道奈何』，太公曰：『將有五材十過。』武王曰：『敢問其目？』太公曰：『所謂五材者：勇、智、仁、信、忠也，……。』」p.513，台北：三軍大學景印，1976 年 6 月。

將智置于首位，在孫武看來，在特定場合之下，一個正確決斷，可以使實力十倍百倍地增加[23]，如「智將務食于敵，食敵一鍾，當吾二十鍾」（〈作戰〉）就是明證，只有具備廣泛知識的智者，才可能運用謀略取得勝利。

肆 致人而不致于人之戰術觀

春秋戰爭，無法明確區分戰略、戰術，《孫子》中的作戰原則，若用今日的軍事術語，即可適用戰略[24]，也可運用于戰術[25]。從戰術角度分析：孫武的戰術思想，歸根究柢，最主要就是「致人而不致于人」，即掌握作戰的主動權，如《李衛公問對·卷中》就很明確指出用兵之法之要為「千章萬句，不出乎致人而不致于人而己」，《孫子》強調「先勝而后求戰」、「立于不敗之地」（〈形〉），都是為了掌握戰場主動權，所以「致人」，調動敵人；「致于人」，則是被敵人左右，作戰就是為了爭取主動權。就其戰術理則計歸納出三項重點：

一、出奇制勝

即靈活地運用奇正，側重己方的作為，如〈勢〉云：「戰勢不過奇正。」及「三軍之眾，可使必受敵而無敗者，奇正是也」

---

23 張文儒《中國兵學文化·孫子兵法精粹·力與智》p.22，北京：北京大學出版社，2000 年 1 月。

24 《陸軍作戰要綱·聯合兵種指揮釋要：附錄一·術語術義》：「戰略：為建立『力量』，藉以創造與運用有利狀況之藝術，俾得在爭取同盟國之目標、國家目標、戰爭目標、戰役目標或從事決戰時，能獲得最大之成功公算與有利效果。」p.6-281。

25 《陸軍作戰要綱·聯合兵種指揮釋要：附錄一·術語術義》：「戰術：在戰場（或預想戰場）及其附近，運用戰力，創造與運用有利狀況以支持野戰戰略之藝術。俾得在爭取作戰目標或從事決戰時，能獲得最大成功公算與有利效果。」p6-282。

所示。實質上就是在兵力使用、作戰方法和作戰形式，能常與變結合運用，使奇正相勝，變化無窮。

二、因敵制勝

即要求靈活善變，側重因敵而動，〈虛實〉云：「水因地而制流，兵因敵而制勝」及「兵無常勢，水無常形，能因敵變化而取勝者謂之神」，要做到「因利而制權」（〈計〉），唯有這樣，才能始終處于主動地位。

三、避實擊虛

虛實，不僅指兵力大小，配備強弱，還包括了士氣高低、有備無備、亂與整、逸與勞、饑與飽等各種對立。凡在時間、空間條件上對敵有利的都是敵人之實，反之就是敵人之虛，化爲具體運用原則，如「攻其所必救」（〈虛實〉），「勿要正正之旗」，「勿擊堂堂之陳」[26]。實質上都是正確選擇作戰方向和進攻目標。其具體實施要領，《陸軍作戰要綱》[27]云：

> 機動作戰以殲滅敵人有生力量為主旨，依靈活之指揮與部隊之迅速分合，創造某一時空之有利機勢，乘機捕殲敵人。故機動作戰之基礎在主動與速度，首應要求指揮官積極的企圖心，銳敏之觀察力、判斷力與迅速果斷之決心，以爭取指揮速度；以為部隊行動機敏，兵力速分速合，作戰方式靈活變換，重點迅速轉移，火力應機轉向，補給靈活迅捷，以導致速戰速決。

軍事作戰、攻擊重點要選擇出敵意外和無備的弱點、虛處，才能收迅速制勝的戰果。

26　《宋本十一家注孫子·軍爭》：「無要正正之旗，勿擊堂堂之陳，此治變者也。」
27　《陸軍作戰要綱 —— 聯合兵種指揮總綱·機動作戰思想》p.1-4。

第二節　《孫子》哲學思想體系的特色

　　孫武論兵之所以能夠成爲典範，在于他強調主動靈活，不僅認清戰爭的客觀規律，同時也發揮以「人」爲中心的主動作用，它的哲學思想包涵著「認識論」與「辯證論」之精義。當決定用兵時，首先掌握敵我間之動靜，適機採取應變對策，藉以形成有利態勢，才能做到「因利制權」（〈計〉）、「因敵制勝」（〈虛實〉），進而「踐墨隨敵，以決戰事」（〈九地〉），最后佐以「攻其無備，出其不意」（〈計〉）等詭道，才能迅速獲致戰果。

　　孫武的用兵理念中由「認識」到「決策」，由「決策」到「實踐」，由「實踐」到「取勝」過程中，彼此環環相扣，應互轉化，具有著哲學的嚴謹性，例如他在思考問題時常利用哲學的「三段論法」[28]：其敘述兵法理論與用兵原則時，首先將問題提出，然后經過周密分析，並提出合理解決方法，最后彙整出至當結論。因其在戰略上具有指南的意義，故被尊爲「用兵如神」的經典。《孫子》通篇中，充滿哲學的內涵，故其原理要則均不受時空的限制，符古今之所須，總結其大要，計有數項特色：

壹　危微又精一[29]

　　「危微精一」典出《尙書‧大禹謨》中「人心惟危，道心惟

28　杜松柏《國學治學方法‧思維術與治學‧分析、綜合與推論》p.189，台北：五南圖書公司，1998 年 9 月。

29　李啓明、傅應川《兵家述評‧孫子‧軍事理論》p.16，台北：幼獅文化公司，2000 年 12 月。

微，惟精惟一，允執厥中」，本書在后世已被證明係偽托[30]，但用在戰爭哲學的修養上，有其實用價值，如：要掌握「危」字訣，要知危、持危，才能慎戰；能存「戒懼之心」，才能行「冒險之實」。故「兵者國之大事，死生之地，存亡之道，不可不察也」（〈計〉），這是孫武對戰爭的體悟 —— 戰爭，危事也，從而主張「不可不察」，亦即「慎戰」。孫子的思想是政府以「道」（主義或國家基本政策）治國，選擇至善的主義而堅持之（微以「善」解，則「惟精惟一」有擇善固執之意），然后才能「令民與上同意」，進而「可與之死，可與之生，而不畏危」（〈計〉）。軍民有這種同仇敵愾的精神、積極奮鬥的作為，才能使國家轉危為安（「允執厥中」有「居中者安」之意，固執至善中庸之道，才能趨于安定，亦即轉危為安）。

貳　反天命鬼神

在孫武心目中，「天」就是自然的天，專指是自然現象，而非主宰人類命運的天，他明確指出「天者，陰陽、寒暑、時制也」（〈計〉），「地有絕澗、天井、天牢、天羅、天陷、天隙，必亟去之」（〈行軍〉）。兵家所要瞭解的天道，就是自然規律和自然現象，是人世之道。至于天命、鬼神，僅是虛幻無稽的概念，所以，行事時「先知者不可取于鬼神，不可象于事，不可驗于度，必取于人，知敵之情者」（〈用間〉），否則，將會為迷信所累，極有可能貽誤「國之大事」。至于「司命」[31]，更被他期以自許：

30　洪湛侯《中國文獻學新編・歷史篇・清（恢復、鼎盛期）》：「閻若璩著《尚書古文疏證》，引證繁富，辯析詳明，歸納通例，窮其原委。使《古文尚書》及孔安國《傳》的偽跡，彰然大明。《古文尚書》之為偽書，遂成定論。」p.368，杭州：杭州大學出版社，1997年9月。
31　《宋本十一家注孫子・作戰》：「故知兵之將，民之司命，國家安危之主

用來比喻軍隊的指揮者和敵人的剋星。在天命鬼神、卜筮盛行的時代，孫武不僅未隨波逐流，而且勇于立論反對，這是極難能可貴的地方。

參 重政治因素

「戰爭是不外以其他手段，保持其政治的繼續」，這是西方兵聖克勞塞維茲留給當代軍人和政治家的名言，雖然現代戰爭與往昔戰爭間有著很大的區別：如「戰爭公開目標和穩蔽的目標常常是兩回事」[32]等命題，然千古不變的是：政治依然是戰爭本質的重心，德國將領孟澤爾亦持類似看法[33]。孫武熟悉其間的道理，他把「道」和「主孰有道」（〈計〉），分別列為廟算中「五事」、「七計」之首，著重的是道義與德政，在乎的是民心的向背。這個道理很簡單，只要把握道義及民心，方可論戰言兵，才有勝利的把握。

肆 忌孤行躁進

孫武重實際，特別強調作戰必須「知彼知己」，一方面主張不惜「爵祿百金」（〈用間〉）的高昂代價，換取「知敵之情」；另一方面卻又計較銖鎰，希從敵我雙方綜合戰力對比中，找出通往勝利的捷徑。他深知人的情緒「怒可以復喜，慍可以復悅，亡

也。」

32 喬良、王湘穗《超限戰·戰神的面孔模糊了》p.38，北京：解放軍文藝出版社，1999 年 2 月。

33 德·孟澤爾講、王洽南譯《明德專案參考資料彙編·戰史研究·第二次世界大戰軍事戰略分析》：「……，一個國家雖然擁有負有神聖使命而且效忠政府的優良軍隊，如果政治的指導錯誤而要求過度，那就仍然會無濟于事。……」p.32，台北：明德專案連絡人室，1972 年 3 月。

國不可以復存，死者不可復生」（〈火攻〉），很清楚地提醒明君賢將切忌一時衝動，以個人喜好作爲發動戰爭的依據，並將此提昇到「安國全軍之道」的地位加以重視。

伍　通常變之道

對于常與變的轉化關係，孫武了然于心，他以務實的態度面對變動不居的社會，提出「亂生于治，怯生于勇」（〈勢〉），「投之亡地然后存，陷之死地然后生」（〈用間〉）的「認識論」思想，同時還利用事物轉化的辯證規律，以「能而示之不能，用而示之不用」，製造假象，迷惑、引誘敵人，這通曉「詭道」之法，正是其辯證思想在軍事領域中的活用，極易作到如〈九地〉云：「始如處女，敵人開戶，后如脫兔，敵不及拒。」之奇效。

第三節　《孫子》時代的價值

時隔兩千五百多年前，在社會制度、武器技術、戰爭形態與規模截然不同的今天，《孫子》依然能夠歷久彌新；其適用領域能由「邦國征伐」至「商戰商略」[34]，如戰國周人白圭論其經營之術，如〈貨殖列傳〉[35]云：

　　吾治生產，猶伊尹、呂尚之謀，孫吳用兵商鞅行法是也。

---

34 黃營杉等編著《兵法與商略・序》：「商略：即企業的經營策略，是指企業經營的目標及爲達成目標而採取的策略，並進而組配人力、物力，甚或結合上下游，同業或異業而進行策略性聯盟的策略式思維，及決策、執行、控制過程」p.1，台北：國立空中大學，1998 年 6 月。
35 《史記會注考證・貨殖列傳》：「故曰：『吾治生產，猶伊尹、呂尚之謀，孫吳用兵，商鞅行法是也。是故其智不足與權變、勇不足于決斷，……。』」

可見白圭經商有得，論及自己成功之術時，亦推崇孫武。《孫子》
之運用，端賴各行各業，視其所須，均可廣泛適用，其理安在？
縱觀其書所表達並不侷限于從事戰爭之技能，雖然討論的面向
是：「戰爭」；但在根本上，所探究的是思想，偏重于「人」的
分析。

人類的歷史，可說是戰爭的化身。戰爭追根究柢，無非是各
種利益之糾葛，故不論武器如何進步，戰爭型態如何演變，人的
本質是不會改變，因此，在傳世的兵書，便蘊涵著許多值得體會
的理念，而以「人」為中心 —— 《孫子》，便是其中最佳典範，
亦為研究兵法之所宗。

壹　兼資文武

《孫子》流傳至今，時間並末能沖淡它的價值，相較之下，
其重要性與日俱增。就實用性而論：古今中外的兵學，沒有一種
著述比得上《孫子》；就時間性而論：《孫子》主導了中國兵學
的思潮；就空間性而論：《孫子》一書橫貫世界的兵學領域。普
世讀者，也有其閱讀之價值，緣因于它具有著文學的優美性，能
在用詞遣句優美流暢外，使人易于領會，印象深刻，有著多元的
體認，如史載：漢武帝見大將霍去病不好古籍「嘗欲教之以吳孫
兵法」[36]等，顯示其受歷代重視，足見一斑。

孫武生活的時代，諸子輩出，然受竹簡製作、書寫方式，文
字力求精要的影響，著作多屬語錄體，其內容詞約義豐，有著明
顯「散」和「樸」風格，然缺乏系統的歸納整理，如：《論語》、
《道德經》便屬此例，孫武作為孔子、老子同時代之人，其著作

36　《漢書·衛青霍去病傳》p.698。

勢難超越此一規則，而今本《孫子》則非然，在孫武形成兵學基本架構后，再由門人弟子和后學整理，或經后人轉錄，由單篇編纂成書，並以孫武其名名其書[37]，然其思想定型后，仍時有新益彙入。就其成書背景而言，實已摻入戰國「縱橫家」說理求仕之文風，其情形如《漢書‧刑法志》云：

世方爭于功利，而馳說者以孫武為宗。

班固敘明縱橫家與《孫子》在思想體系中的傳承，其文兼攝長篇議論，結構嚴謹，邏輯周密，理論精妙的文釆。就現今之各種《孫子》注本觀之；自曹操以降，可謂注家並起，藉以適應各代社會不同的需求。

　　《孫子》所用最多修辭方式是「層遞」、「排比」，讓我們閱讀其文，感到節奏明快，條理通暢，並有著「對偶」、「警策」之修辭方式相互映襯，化保國安民之策，爲文學藝術鑑賞作品，晉‧傅玄《古今畫贊》[38]云：

孫武論兵，實妙于神，奇正迭用，變化無形。

此贊言簡意賅，道出《孫子》的精要，顯示作者曾對是書進行過深入研究，誠如庾信《周齊王憲神道碑》[39]云：

六韜九法不用吳起舊書，三令五申無勞孫武先戒。

這說明當時的許多文人也曾學習過這部兵書，對其中的詞語，皆能信手拈來，用于文學創作之中，《孫子》也因其優美的文學表現，使其普受歷代文人的青睞。

37　《中國文獻學新編‧文獻的體例》p.69。

38　隋‧虞世南撰《北堂書鈔‧卷 113‧武功部一》p.500，台北：宏業書局，
　　1974 年 10 月。

39　參見于始波《孫子兵法研究‧孫子兵法早期注解時期 —— 魏晉南北朝》p.85。

貳　體用合一

　　蔣中正先生曾指出「現代戰爭，是科學的戰爭，但指導戰爭的最高境界，是屬于科學以上的，那就是說：戰爭非但要求科學化，更要求其藝術化，孫武把戰爭看成五色、五聲、五味一樣的詭詭炫爛，才是真正體會到了戰爭藝術化及完美的奧秘」[40]，當我們總結《孫子》時，是要尋找出它的基本原理或根本思想，藉以瞭解其用兵思想與作戰要素，進而探討其在兵學上實用的價值。

　　而完整的兵學是包含「體、相、用」三方面，日本戰術大師白鴻亮（富田宜亮）《戰爭哲學史稿》[41]云：

> 兵學的「體」——克勞塞維茲的《戰爭論》，其內容主要闡明戰爭的原理，並依此原理衍生出戰爭的計畫及戰術方式。
>
> 兵學的「相」——約米尼的《戰爭藝術》，其內容主要闡明政略、戰略和戰術的真義及著眼點。
>
> 兵學的「用」——孫武的《孫子兵法》為專門探討兵法的原理，亦就是闡述兵法變化的奧妙無窮。

白氏生動之比喻，對兵學的「體」與「用」之定義，架構清楚，能直探本心，大軍統帥在指導武力戰之遂行時，依《國軍統帥綱領》應把握「根本性」、「前瞻性」、「全程性」、「統合性」、「鈍重性」、「貫徹性」、「全程性」諸特性，其中「貫徹性」指：「武力戰之指導與遂行，一經確立構想，策定計畫，即應下達命令，以統一上下意志，並督導三軍部隊貫徹實施，不容有破壞全般構想之行動。」對《孫子》兵法藝術之「體用合一」有著

40　見魏憲宏《先總統　蔣公戰爭哲學之研究・我們應有的認識與努力》p.174，台北：黎明文化公司，1986 年 10 月。

41　日・白鴻亮（富田宜亮）《戰爭哲學講稿》p.17-38，台北：實踐學社，1951年 9 月。

務實的體現，象徵大軍統帥在「廟算」時擬定全程戰略構想，百戰雄師經過嚴整的訓練，精神飽滿，蓄勢待發，藉各戰役之遂行，並貫徹實施，以獲致勝利。

《孫子》之著作大抵成于春秋之際，屬于平面戰爭時代，但以他天才的卓越，眼光的遠大，其所建立的原理、原則可以運用于后冷戰時期的超限戰[42]，美國約翰・柯林斯（John M. Collins）《大戰略》[43]云：

> 形成戰略思想的第一位偉人就是孫子，……，他對于戰爭藝術《The Art of War ── 孫子兵法》寫下世界上所已知的第一部最早著作。他那短短的十三篇是古今中外的第一傑作，……。今天尚無一人對于戰略的相互關係、考慮和限制等能夠有比較更深入的認識。其大部份觀念在我們當前環境中，還是和當年完全一樣的有價值。

柯氏所提戰略創新者、大戰略的涵義、作戰原則、冷戰的性質以及越南戰爭的教訓等方面皆援引了孫武的名言，並對《孫子》作了高度的評價。孫武其再三提出「不戰而屈人之兵」的警策，就是昭告用武者平時加強國防力量的重要，必處「先爲不可勝」，「立于不敗之地」（〈形〉）等，孫武生于春秋之世，深受《周易》、儒、道等學派及晉、齊、吳、楚南北文化之影響，并汲取自黃帝以來的戰爭經驗，使自然法則與戰爭規律合而爲一，以適應天地間生生不息，變化莫測之環境，故其兵法巨著，萬古常新。

最后，筆者想要強調的是：孫武何其慶幸，在人心思變、百

---

[42] 美・柯林斯（John M. Collins）著、鈕先鍾譯《大戰略・戰略思想的演進・戰略的開山大師》p.7，台北：黎明文化公司，1987 年 10 月。
[43] 喬良、王湘穗《超限戰・上卷・論新戰爭》：「超越一切界線和限度的戰爭，簡言之：超限戰。」p.6。

家思想蓬勃的洪流中，能坐而論，起而行，獲明君信任，得運籌
帷幄，舉國千里遠征，執饁食爲鯨吞之方，積小勝爲大勝之策，
滅堅甲之兵，毀強敵之陣，立創奇握機之法。《孫子》能歷千古
而不衰，想必孫武亦始料未及，其間容有雜音，亦無損其在歷史
之磐石，基此，有著以下的看法：

　　觀察《孫子》時，須設身處境于春秋時代，始能得其實。

　　研究《孫子》時，須攀在他的肩膀向前看，始能致其遠。

　　運用《孫子》時，須活用于奇正虛實變化，始能擷其妙。

　　傳承《孫子》時，須自文韜武略專研探究，始能獲其神。

附錄：《孫子》[1] 關鍵詞表 [2]

篇名 ＼ 字別	知	利	智	全	仁	義	主[3]	將	君	諸侯	霸王[4]
〈計〉	3	3	1	0	0	0	1	5	0	0	0
〈作　戰〉	3	3	2	0	0	0	1	2	0	1	0
〈謀　攻〉	13	1	0	7	0	0	0	3	2	1	0
〈形〉	2	0	1	1	0	0	0	0	0	0	0
〈勢〉	0	1	0	0	0	0	0	0	0	0	0
〈虛　實〉	16	1	0	0	0	0	0	0	0	0	0
〈軍　爭〉	5	11	0	0	0	0	0	4	1	1	0
〈九　變〉	4	7	1	0	0	0	0	6	2	3	0
〈行　軍〉	0	5	0	0	0	0	0	1	0	0	0
〈地　形〉	15	9	0	0	0	0	3	7	0	0	0
〈九　地〉	5	7	0	0	0	0	0	3	0	2	2
〈火　攻〉	1	3	0	1	0	0	2	3	1	0	0
〈用　間〉	13	1	2	0	2	1	3	4	3	0	0
合　計	80	52	7	9	2	1	10	38	9	8	2

1．本表依據魏・曹操等注《宋本十一家注孫子》香港：寶華齋書
　　社，2002 年 6 月，初版。

2．《孫子》通篇文字（含標題）計 6104 字。

3．轉引自張心澂《偽書通考‧兵家類‧孫子》：「姚鼐曰：『田齊、三晉既爲侯，臣乃稱書曰主，主在春秋時，大夫稱也。』」p.941，台北：鼎文書局，1973 年 10 月，初版。

4．轉引自齊思和《中國史探研‧孫子兵法著作時代考》：「乃至戰國中葉之后，七雄、宋、中山之君相繼稱王，其中尤強者，仍圖稱霸于群王之上，于是王之上又有霸，而『霸王』一名辭遂出現。」……。」p.427，石家莊：河北教育出版社，2002 年 1 月。

參考文獻舉要

壹　專著類

一、古籍類

1. 《周易正義》：魏・王弼、韓康伯注、唐・孔穎達等正義。台北：新文豐出版公司，十三經注疏本，2001 年 6 月，初版一刷。

2. 《尚書正義》：漢・孔安國傳、唐・孔穎達等正義。台北：新文豐出版公司，十三經注疏本，2001 年 6 月，初版一刷。

3. 《毛詩正義》：漢・毛公傳、鄭元箋、唐・孔穎達等正義。台北：新文豐出版公司，十三經注疏本，2001 年 6 月，初版一刷。

4. 《周禮注疏》：漢・鄭玄注、唐・賈公彥疏。台北：新文豐出版公司，十三經注疏本，2001 年 6 月，初版一刷。

5. 《儀禮注疏》漢・鄭玄注、唐・賈公彥疏。台北：新文豐出版公司，十三經注疏本，2001 年 6 月，初版一刷。

6. 《禮記正義》：漢・鄭玄注、唐・孔穎達等正義。台北：新文豐出版公司，十三經注疏本，2001 年 6 月，初版一刷。

7. 《春秋左傳正義》：晉・杜預注、唐・孔穎達等正義。台北：新文豐出版公司，十三經注疏本，2001 年 6 月，初版一刷。

8 . 《春秋穀梁傳注疏》：晉‧范甯注、唐‧楊士勛疏。台北：新文豐出版公司，十三經注疏本，2001 年 6 月，初版一刷。

9 . 《春秋公羊傳注疏》：漢‧何休注、唐‧徐彥疏。台北：新文豐出版公司，十三經注疏本，2001 年 6 月，初版一刷。

10 . 《論語注疏》：魏‧何晏等注、宋‧邢昺等疏。台北：新文豐出版公司，十三經注疏本，2001 年 6 月，初版一刷。

11 . 《爾雅注疏》：晉‧郭璞注、宋‧邢昺疏、唐‧孔穎達等正義。台北：新文豐出版公司，十三經注疏本，2001 年 6 月，初版一刷。

12 . 《孟子注疏》：漢‧趙岐注、宋‧孫奭疏。台北：新文豐出版公司，十三經注疏本，2001 年 6 月，初版一刷。

13 . 《春秋左傳注》：楊伯峻撰。高雄：復文圖書出版社，1991 年 9 月，再版。

14 . 《史記會注考證》：日‧瀧川龜太郎考證。台北：宏業書局，1994 年，再版。

15 . 《新校史記三家注》：漢‧司馬遷撰、楊家駱著。台北：世界書局，1993 年 12 月，六版二刷。

16 . 《漢書》：東漢‧班固撰。台北：台灣商務印書館，1996 年 12 月，第七版。

17 . 《國語》：左丘明著、上海師範大學古籍整理組校點。台北：里仁書局，1981 年 12 月，初版。

18 . 《新校本新唐書附索引四》：宋‧歐陽脩、宋祁撰。台北：鼎文書局，1979 年 2 月，初版。

19 . 《景越絕書校注稿本》：漢‧袁康、吳平撰、楊家駱主編。台北：世界書局，1981 年 5 月，三版。

20 . 《戰國策》：漢‧劉向集錄。台北：里仁書局，1982 年元月，

初版。

21.《吳越春秋》：東漢・趙曄著、元・徐天祐音注。台北：世界
　　書局，1980 年 3 月，再版。

22.《老子道德真經》：魏・王弼注、明・孫鑛評、嚴靈峰編輯。
　　台北：成文出版社《老列莊三子集成補編》，1982 年 10 月，
　　初版。

23.《管子校正》：唐・尹知章注、清・戴望校正。台北：世界書
　　局，1981 年 5 月，4 版。

24.《荀子集解》：清・謝墉、盧文弨集解。台北：新興書局，
　　1959 年 12 月，再版。

25.《呂氏春秋新校釋》：戰國・呂不韋著、陳奇猷校釋。上海：
　　上海古籍出版社，2000 年 4 月，初版。

26.《墨子閒詁》：清・孫詒讓著、孫以楷點校。台北：華正書
　　局，1987 年 3 月，初版。

27.《韓非子集釋》：清・王先慎集解、陳奇猷校注。台北：河洛
　　圖書出版社，1974 年 3 月，台景印一版。

28.《淮南子校釋》：漢・劉安著、張雙棣撰。北京：北京大學出
　　版社，1997 年 8 月，初版。

29.《楚辭補注》：東漢・王逸注解、宋・洪興祖補注。台北：天
　　工書局，1994 年 9 月，初版。

30.《說苑校證》：漢・劉向撰、向宗魯校證。北京：中華書局，
　　1987 年 1 月，初版。

31.《論衡集解》：漢・王充撰、劉盼遂集解。台北：世界書局，
　　1958 年 5 月，初版。

32.《潛夫論箋》：東漢・王符撰、清・汪繼培箋。台北：世界書
　　局，增補中國思想名著第七冊，1975 年 11 月，三版。

33.《說文解字》：漢‧許慎撰、清‧段玉裁注。台北：洪葉文化公司。2001 年，增修一版二刷。

34.《北堂書鈔》：唐‧虞世南撰、孔廣陶校註。台北：宏業書局，1974 年 10 月，初版。

35.《四庫全書總目》：清‧紀昀、永瑢等撰。台北：藝文印書館景印本，1969 年 3 月，初版。

二、孫子類

1.《宋本十一家注孫子》：魏‧曹操等注。香港：寶華齋書社，2002 年 6 月，初版。

2.《孫子兵法大全》：魏汝霖著。台北：黎明文化公司，1970 年 5 月，初版。

3.《孫子兵法今註今譯》：魏汝霖著譯。台北：黎明文化公司，1972 年 8 月，初版。

4.《孫子兵法研究》：李浴日編譯。台北：黎明文化公司，1982 年 5 月，初版。

5.《孫子兵法今義、教育、輔導》。台中：台灣省教育廳編印，1987 年 6 月，初版。

6.《先秦諸子導讀 —— 孫子導讀》：徐文珊著。台北：幼獅文化公司，1990 年 11 月，四版。

7.《兵學的智慧 —— 孫子》：徐瑜著。台北：漢藝色研文化公司，1992 年 6 月，初版。

8.《孫子兵法與現代戰略》：李啓明著。台北：黎明文化公司，1994 年 9 月，三版。

9.《孫子十三篇輯校辨正》：黃博偉撰。高雄：復文圖書出版社，1995 年 1 月，初版。

10.《孫子評傳》：楊善群著。南京：南京大學出版社，1995 年 3 月，初版。

11.《孫子三論 —— 從古兵法到新戰略》：鈕先鍾著。台北：麥田出版有限公司，1996 年 10 月，初版。

12.《武學聖典 —— 孫子兵法與中國文化》：龔留柱著。開封：河南大學出版社，1997 年 6 月，2 刷。

13.《孫子》答客問：楊善群著。上海：上海人民出版社，1997 年 12 月，初版。

14.《孫子學通論》：趙海軍著。北京：國防大學出版社，2000 年 6 月，初刷。

15.《孫子探源》：賈若瑜著。北京：國防大學出版社，2001 年 5 月，2 刷。

16.《孫子兵法新譯》銀雀山漢墓竹簡校本：李興斌、楊玲注譯。濟南：齊魯書社，2001 年 6 月，初版。

17.《孫子兵法研究史》：于汝波主編。北京：軍事科學出版社，2001 年 9 月，初版。

18.《孫子兵法 —— 不朽的戰爭藝術》：徐瑜編撰。台北：時報文化公司，2002 年 3 月，四版四刷。

19.《兵聖孫子》：尹文泉著。台北：幼獅文化公司，2002 年 7 月，初版。

20.《孫子探微》：許競任著。台北：揚智出版社，2002 年 8 月，初版。

21.《孫子兵法與戰爭論比較研究》：薛國安著。北京：軍事科學出版社，2003 年 1 月，初版。

22.《孫子兵法思想體系精簡》：王建東編著。台北：武陵出版公司，2003 年 4 月，初版四刷。

23.《孫子兵法與人生智慧》：施芝華著。上海：學林出版社，
　　2003 年 4 月，6 刷。

24.《世界第一兵書 —— 孫子兵法》：沈傑、萬彤編著。台北：華
　·文網有限公司，2003 年 6 月，再版 20 刷。

25.《孫子譯注》：郭化若撰。上海：古籍出版社，2003 年 8 月，
　　九刷。

26.《新編諸子集成 —— 十一家注孫子校理》：春秋·孫武撰、三
　　國·曹操等注、楊丙安校理。北京：中華書局，2004 年 2
　　月，二刷。

三、文學理論與修辭學專書類

1.《文心雕龍批評論發微》：沈謙著。台北：聯經出版公司，1977
　　年，5 月，三版。

2.《文心雕龍斠詮》：李曰剛著。台北：國立編譯館中華叢書編審
　　委員會，1982 年 5 月，初版。

3.《實用國文修辭學》：金兆梓著。台北：文史哲出版社，1977 年
　　12 月，台一版。

4.《古詩文修辭例話》：路燈照、成九田著。台北：商務印書館，
　　1987 年 10 月，初版。

5.《修辭學發凡》：陳望道著。台北：文史哲出版社，1989 年元
　　月，再版。

6.《中國修辭學史》：鄭子瑜著。台北：文史哲出版社，1990 年 2
　　月，初版。

7.《表達的藝術》：蔡謀芳著。台北：三民書局，1990 年 12 月，
　　初版。

8.《妙語傳神 —— 語用修辭技巧》：王德春著。台北：台灣商務印

書館，1991 年 3 月，初版。

9 .《修辭學》：亞里斯多德著，羅念生譯。北京：生活、讀書、新知三聯書店，1991 年 10 月，初版。

10 .《修辭方法析論》：沈謙著。台北：宏翰文化公司，1992 年 3 月，初版。

11 .《修辭學》：沈謙編著。台北：國立空中大學，1995 年元月，修訂版。

12 .《中國修辭學史》：周振甫著。台北：洪葉文化公司，1995 年 10 月，初版一刷。

13 .《文心雕龍與現代修辭學》：沈謙著。台北：文史哲出版社，1997 年 7 月，初版二刷。

14 .《現代漢語修辭學》：張維耿、黎運漢編著。台北：書林出版社，1997 年 10 月三刷。

15 .《修辭學》：傅隸樸著。台北：正中書局，2000 年 2 月，第四次印行。

16 .《字句鍛鍊法》：黃永武著。台北：台灣商務印書館，2000 年 4 月，第三次印刷。

17 .《實用修辭學》：黃麗貞著。台北：國家出版社，2000 年 4 月，初版二刷。

18 .《古漢語語法與修辭研究》：何淑貞著。台北：華正書局，2000 年 8 月，二版。

19 .《應用修辭學》：蔡宗揚著。台北：萬卷樓，2002 年元月，初版二刷。

20 .《修辭學》：黃慶萱著。台北：三民書局，2002 年 10 月，增訂三版一刷。

四、相關軍事著作類

1. 《拿破崙治兵語錄》：李維寧譯。台北：軍事譯粹社印行，1956 年 10 月，初版。

2. 《拿破崙戰史》：實踐學社審訂：台北：幼獅書店，1963 年 3 月，初版。

3. 《中國將相謀略》：莊漢宗編著。台北：漢欣文化公司，1976 年 5 月，二版。

4. 《決定性戰爭》：Reginald Bretnor 著，李則芳譯。，台北：黎明文化公司，1976 年 5 月，三版。

5. 《紀效新書》：明・戚繼光撰。台北：廣文書局，1976 年 8 月，初版。

6. 《武經七書》：孫一之譯述。台北：星光出版社，1976 年 12 月，再版。

7. 《曾胡治兵語錄》：熊自慶、文忠輝校註。台北：軍事譯粹社，1978 年 8 月，再版。

8. 《拿破崙》（Napoleon as Military Commander）：General James Marshall —— Cornwall 著，鈕先鍾譯。台北：軍事譯粹社，1978 年 11 月，再版。

9. 《戰爭論（第一～四冊）》（On War）：克勞塞維茲著（Carl Von Clausewitz），張柏亭譯。桃園：陸軍總司令部，1980 年元月，初版。

10. 《戰爭指導》（The Conduct of War）：富勒將軍（J.F.C. Fuller）著，鈕先鍾譯。台北：軍事譯粹社，1981 年 6 月，再版。

11. 《真實的戰爭》（The Real War）：尼克森著，鈕先鍾譯。台北：黎明文化公司，1983 年 2 月，初版。

12 .《武備志》明‧茅元儀輯，台北：世華出版社，1984 年 6 月，初版。

13 .《自古沙場出英雄》：蘇成福著。台北：黎明文化公司，1984年 6 月，初版。

14 .《軍事天才論》：曾清貴譯。台北：黎明文化公司，1985 年 5月，四版。

15 .《現代戰略思潮》：鈕先鍾著。台北：黎明文化公司，1985 年6 月，初版。

16 .《中國歷代戰爭史話》：三軍大學李震編著。台北：黎明文化公司，1985 年，10 月，初版。

17 .《戰略論 —— 間接路線》（Strategy：The Indirect Approach）：李德哈特（B. H. Liddell Hart）著，鈕先鍾譯。台北：軍事譯粹社，1985 年 10 月，五版。

18 .《中國軍事史‧附卷‧歷代戰爭年表‧上》：中國軍事史編寫組傅仲俠等執筆。北京：解放軍出版社，1985 年 12 月，初版。

19 .《克勞塞維茲戰爭論綱要》：成田賴武著，李浴日譯。台北：黎明文化公司，1986 年 7 月，初版。

20 .《中國軍事史第二卷‧兵略》：中國軍事史編寫組王蜀生等執筆。北京：解放軍出版社，1986 年 8 月，初版。

21 .《先總統蔣公戰爭哲學之研究》：魏憲宏著。台北：黎明文化公司，1986 年 10 月，初版。

22 .《戰爭原則釋義》：馮倫意編纂。台北：黎明文化公司，1986年 11 月，初版。

23 .《將校才德、領導與謀略》：李震著。台北：黎明文化公司，1986 年 12 月，初版。

24.《打勝仗的藝術》：James. E. Mrazek 著，張銘瑛譯，台北：黎明文化公司，1986 年 12 月，初版。

25.《戰爭的起源》：Michael Howard 著，台北：國防部史政編譯局。1987 年 2 月，初版。

26.《內心的戰爭》：政治作戰學校譯印。台北：政治作戰學校，1987 年 6 月。

27.《大戰略》：John. M. Collins 著，鈕先鍾譯。台北：黎明文化公司，1987 年 10 月，五版。

28.《中國兵學‧先秦卷》：謝詳晧著。濟南：山東人民出版社，1989 年 9 月，初版。

29.《中國歷代戰爭簡史》：戰爭簡史編輯組編。北京：解放軍出版社，1993 年 3 月，初版。

30.《中國歷代戰爭史簡編》：何敏求著。台北：黎明文化公司，1993 年 3 月，初版。

31.《中國古代著名戰役》：張習孔、林岷著。台北：台灣商務印書館，1993 年 10 月，初版。

32.《新戰爭論》（War and Anti — War：Survival at the Dawn of the 21st Century）：艾文‧托佛勒（Alvin and Heidi Toffler）等著。台北：時報文化公司，1994 年元月，初版。

33.《中國古代兵制》：黃水華著。台北：台灣商務印書館，1994 年 7 月，初版。

34.《中國古代兵器》：王兆春著。台北：台灣商務印書館，1994 年 7 月，初版。

35.《中國古代兵書》：柳玲著。台北：台灣商務印書館，1994 年 7 月，初版。

36.《西方戰略思想史》：鈕先鍾著。台北：麥田出版公司，1995

年 7 月，初版。

37 .《西方世界軍事史‧卷一～卷三》（Decisive Battles of The Western World）：富勒將軍（J.F.C Fuller）著，鈕先鍾譯。台北：麥田出版公司，1996 年 3 月，初版。

38 .《戰略緒略》（An Introduction to Strategy）：薄富爾（Andr'e Beaufre）著，鈕先鍾譯。台北：麥田出版公司，1996 年 8 月，初版。

39 .《戰爭藝術》（The Art of War）：約米尼（Antoine Henri Jomini）著，鈕先鍾譯。台北：麥田出版公司，1996 年 8 月，初版。

40 .《歷史與戰略 —— 中西軍事史新論》：鈕先鍾著。台北：麥田出版公司，1997 年 8 月，初版。

41 .《拿破崙戰史》：傅紹傑編。台北：幼獅文化公司，1998 年元月，初版。

42 .《兵法與商略》：黃營杉、曾仕強、蔡明宏編著。台北：國立空中大學，1998 年 3 月，初版。

43 .《中國歷代參謀長》：張鋒主編。北京：崑崙出版社，1999 年 5 月，初刷。

44 .《中國兵學文化》：張文儒著。北京：北京大學出版社，2000 年 1 月，2 刷。

45 .《兵家述評》：李啓明、傅應川著。台北：幼獅文化公司，2000 年 5 月，初版。

46 .《中國歷代軍事思想教程》：于汝波、黃朴民主編。北京：軍事科學出版社，2000 年 9 月，初刷。

47 .《中國軍事思想論綱》：王厚卿主編。北京：國防大學出版社，2000 年 12 月，初刷。

48.《中國歷史中決定性會戰》：鈕先鍾著。台北：麥田出版公司，2001 年 9 月，初版。

49.《中國戰爭發展史（上、下）》：中國人民革命軍事博物館編著。北京：人民出版社，2001 年 12 月，初版。

50.《戰爭哲學講稿》：白鴻亮（富田宜亮），台北：實踐學社，1951 年 9 月，初版。

51.《國軍軍語辭典》：國軍軍語辭典編輯委員會領行。台北：國防部，1963 年 8 月，初版。

52.《美軍軍事戰役選評》（Summaries of Selected Military Campaigns）：陸軍總司令部譯印。桃園：陸軍總司令部，1964 年 12 月，初版。

53.《明德專案資料彙編第二輯 —— 戰史研究》：德‧孟澤爾（Oskar Munzel）等講，王洽南等譯。台北：明德專案參考資料彙編連絡人事室，1972 年 3 月。

54.《拿破崙戰史》：台北：三軍大學編印，1972 年 6 月，初版。

55.《陸軍軍隊指揮 —— 戰略之部》：桃園：陸軍總司令部頒行。桃園：陸軍總司令部，1975 年 7 月。

56.《武經七書》：明‧陽明先生手批。台北：三軍大學景印，1976 年 6 月，初版。

57.《國軍軍事思想》：國防部印頒。台北：國防部，1978 年 4 月，初版。

58.《陸軍部隊作戰構想作為要領》：三軍大學陸軍學院編印。台北：三軍大學，1981 年 3 月。

59.《陸軍作戰要綱 —— 聯合兵種指揮》：陸軍總司令部頒行。桃園：陸軍總司令部，1983 年 5 月，初版。

60.《國軍統帥綱領》：國防部印頒。台北：國防部，1985 年 1

月，初版。

61 .《陸軍基本戰術》：陸軍總司令部頒行。桃園：陸軍總司令部，1986 年 5 月，初版。

62 .《軍語釋要》：陸軍總司令部頒行。桃園：陸軍總司令部，1986 年 4 月。

63 .《想定作為與戰術統裁要領》：三軍大學陸軍學院編印。台北：三軍大學，1986 年 12 月。

64 .《大陸兵要地理》：三軍大學陸軍學院編印，台北：三軍大學，1989 年 8 月。

65 .《陸軍指揮參謀組織與作業》：陸軍總司令部頒行。桃園：陸軍總司令部，1989 年 11 月。

66 .《陸軍作戰要綱 —— 大軍指揮》：陸軍總司令部頒行。桃園：陸軍總司令部，1989 年 12 月。

67 .《政治戰略論》：三軍大學政治研究所叢書。台北：三軍大學。

68 .《戰史學》：韋華著。台北：三軍大學。

69 .《陸軍作戰要綱 —— 聯合兵種釋要（上、下）》：陸軍總司令部頒行。桃園：陸軍總司令部，1991 年 6 月，初版。

五、其他相關著作類

1 .《偽書通考》：張心澂撰。台北：鼎文書局，1973 年 10 月，初版。

2 .《中國歷史精神》：錢穆著。台北：東大圖書公司，1984 年 3 月，修訂三版。

3 .《中國政治思想史》：蕭公權著。台北：聯經出版公司，1988 年 11 月，新四版。

4.《國史大綱》：錢穆著。台北：台灣商務印書館，1990 年 3 月，修訂十七版。

5.《中國哲學史新編》：馮友蘭著。台北：藍燈文化公司，1991 年 12 月，初版。

6.《姚際恆著作集（五）── 古今偽書考》：姚際恆等著、林慶彰主編。台北：中央研究院・中國文哲研究所，1994 年 6 月，初版。

7.《國史論衡》：鄺士元著。台北：里仁書局，1995 年 2 月，增訂三版。

8.《中國學術思想》：鄺士元著。台北：里仁書局，1995 年 2 月，增訂三版。

9.《史學導論》：周梁楷、吳振漢、胡昌智等編著。台北：國立空中大學，1995 年 8 月，初版。

10.《中國哲學史》：任繼愈主編。北京：人民出版社，1996 年 4 月，五版。

11.《中國文獻學新編》：洪湛侯著。杭州：杭州大學出版社，1997 年 9 月，三刷。

12.《經學入門》：莊雅州著。台北：台灣書店，1997 年 9 月，初版。

13.《戰國史》：楊寬著。台北：台灣商務印書館，1997 年 10 月，初版。

14.《中國哲學史》：王邦雄等編著。台北：國立空中大學，1998 年元月，初版二刷。

15.《中國偽書綜考》：劉瑞全、王冠英主編。合肥：黃山書社，1998 年 7 月，初刷。

16.《經子名著選讀》：林益勝等編著。台北：國立空中大學，

1999 年 8 月，初版二刷。

17.《中國政治思想史》：孫廣德等編著。台北：國立空中大學，1999 年 8 月，初版二刷。

18.《先秦諸子散文‧詩化的哲理》：楊樹增著。桂林：廣西師範大學出版社，1999 年 8 月，初版。

19.《史學方法論》：杜維運撰。台北：三民書局，1999 年 9 月，十三版。

20.《古籍導論》：林益勝等編。台北：國立空中大學，2000 年 2 月，初版。

21.《中國典籍精華叢書 —— 諸子群書‧第二卷》：閻韜主編。北京：中國青年出版社，2000 年 5 月，初版。

22.《中國歷史研究法》：梁啓超著。台北：里仁書局，2000 年 8 月，初版五刷。

23.《歷史人物評介》：姚秀彥等著。台北：國立空中大學，2000 年 8 月，再版。

24.《古籍導讀》：屈萬里著。台北：開明書局，2001 年元月，初版二十五刷。

25.《春秋史》：朱順龍、顧德融著。上海：人民出版社，2001 年 6 月，初版。

26.《中國文學發展史》：劉大杰著。台北：華正書局，2001 年 8 月版。

27.《先秦諸子繫年》：錢穆著。石家莊：河北教育出版社，2002 年元月，初刷。

28.《中國史探研》：齊思和著。石家莊：河北教育出版社，2002 年 1 月，二刷。

29.《古史辯自序（上、下）》：顧頡剛著。石家莊：河北教育出

版社，2002 年元月，初刷。

30．《中國文學簡史》：林庚著。北京：北京大學出版社，2002 年
6 月，七版。

31．《新編中國哲學史》：勞思光著。台北：三民書局，2002 年 10
月，重印三版二刷。

32．《諸子學與先秦社會》：秦彥士著。石家莊：河北人民出版
社，2003 年 1 月，初刷。

33．《西周史》：楊寬著。上海：人民出版社，2003 年 4 月，初
版。

34．《中國古代思想史論》：李澤厚著。天津：天津科學院出版
社，2003 年 5 月，初版。

貳、單篇論文

一、學位論文類

1．《先秦軍事謀略思想研究》：吳順令。台北：師範大學中國文學
研究所博士論文，1992 年。

2．《先秦兵家思想探源》：羅獨修。台北：中國文化大學歷史研究
所博士論文，1998 年。

3．《呂坤法政治思想研究》：蔣忠益。台北：中國文化大學中國文
學研究所博士論文，1999 年。

4．《先秦三晉文化研究》：陳溫菊。嘉義：中正大學中國文學研究
所博士論文，1999 年。

5．《中國中古時期之陰山戰爭及其對北邊戰略環境變動與歷史發展
影響研究》：何世同。嘉義：中正大學歷史研究所博士論文，
2000 年。

6 .《孫子思想研究》：鄭峰明。台北：師範大學中國文學研究
　　所，碩士論文，1977 年。

7 .《孫子兵法之戰略思想研究》：紀昌鑫。台北：政治大學政研
　　所碩士論文，1980 年。

8 .《春秋無義戰》：簡福興。高雄：高雄師範大學中國文學研究
　　所碩士論文，1982 年。

9 .《杜詩修辭藝術之探究》：林春蘭。高雄：高雄師範學院國研
　　所，碩士論文，1984 年 4 月。

10 .《左傳霸者的研究》：黃耀崇。台北：文化大學中國文學研究
　　所碩士論文，1993 年。

11 . 銀雀山漢簡《孫臏兵法》之研究：丁琇玲。台中：中興大學歷
　　史研究所碩士論文，1994 年。

12 .《春秋戰爭思想研究》：陳嘉琦。台北：師範大學國文研究
　　所，碩士論文，1997 年。

13 .《春秋時代兵學思想的承襲與創新》：杜京德。台北：淡江大
　　學國際事務與戰略研究所碩士論文，2000 年。

14 .《孫子戰略戰術思想研究》：韓大勇。嘉義：南華大學中國文
　　學研究所碩士論文，2000 年。

二、期刊論文類

1 .〈反攻作戰如何實施以寡擊眾〉：蕭家驤。《陸軍學術月刊》，
　　第八卷，第七十九期，桃園：陸軍學術月刊社，1972 年 4 月。

2 .〈論戰術的創意〉：賴漢中。《陸軍學術月刊》，第八卷，第七
　　十九期，桃園：陸軍學術月刊社，1972 年 4 月。

3 .〈孫子戰術思想對反攻作戰的啟示（中）〉：羅開申。《軍事雜
　　誌》，第四十卷，第十一期，台北：三軍大學，1972 年 8 月。

4.〈孫武與孫臏兵法考〉：徐文助。《國文學報》，第五期，台北：師範大學，1976 年。

5.〈孫子對地形利用與敵情判斷之研究(行軍篇)〉：潘光建。《陸軍學術月刊》，第十三卷，第一四一期。桃園：陸軍學術月刊社，1977 年 6 月。

6.〈泛論國軍用兵思想〉：薛炳泉。《陸軍學術月刊》，第十三卷，第一四一期，桃園：陸軍學術月刊社，1977 年 6 月。

7.〈孫子地略學與作戰指導之關係(上)〉：潘光建。《陸軍學術月刊》，第十三卷，第一四四期，桃園：陸軍學術月刊社，1977 年 9 月。

8.〈孫子對戰爭武器之觀念〉：潘光建。《陸軍學術月刊》，第十四卷，第一四九期，桃園：陸軍學術月刊社，1978 年 2 月。

9.〈論孫子的作成時代〉：鄭良樹。《文史哲學報》，第八期，1979 年。

10.〈研讀《基本戰術圖示集》心得〉：李炳森。《軍事雜誌》，第四十八卷，第四期，台北：三軍大學，1980 年元月。

11.〈怎樣指導殲滅戰〉：薛炳泉。《軍事雜誌》，第四十八卷，第六期，台北：三軍大學，1980 年 3 月。

12.〈武經七書簡介〉：魏汝霖。《陸軍學術月刊》，第十六卷，第一七五期，桃園：陸軍學術月刊社，1980 年 4 月。

13.〈略論「間接路線的戰略」〉：丁肇強。《軍事雜誌》，第四十九卷，第四期，台北：三軍大學，1981 年元月。

14.〈簡述戰爭藝術化〉：郭榮州。《軍事雜誌》，第四十九卷，第十期，台北：三軍大學，1981 年 7 月，。

15.〈論道〉：蔡宜增。《軍事雜誌》，第四十九卷，第十一期，台

北：三軍大學，1981 年 8 月。

16．〈研讀《孫子》兵法心得〉：陶光遠。《陸軍學術月刊》，第十
七卷，第一九一期，桃園：陸軍學術月刊社，1981 年 8 月。

17．〈儒家之兵學思想〉：魏汝霖。《軍事雜誌》，第五十一卷，第
二期，台北：三軍大學，1982 年 11 月。

18．〈孫臏兵法簡介〉：鍾肇鈞。《軍事雜誌》，第五十一卷，第十
期，台北：三軍大學，1982 年 11 月，。

19．〈孫子兵法與李德哈達戰略論比較〉：鍾肇鈞。《軍事雜誌》，
第五十一卷，第八期，台北：三軍大學，1983 年 5 月。

20．〈淺論我國傳統戰爭哲學思想〉：何定凱。《軍事雜誌》，第五
十一卷，第十期，台北：三軍大學，1983 年 7 月。

21．〈易經與孫子兵法〉：黃杰。《軍事雜誌》，第五十一卷，第十
期，台北：三軍大學，1983 年 7 月。

22．〈孫子兵法與李德哈達戰略理論共同性之研究〉：皮宗敢。《軍
事雜誌》，第五十二卷，第三期，台北：三軍大學，1983 年 7
月。

23．〈戰略與戰爭之運作關係及藝術作為〉：陳式平。《軍事雜
誌》，第五十二卷，第五期，台北：三軍大學，1984 年 2 月。

24．〈軍事思想的演進過程及其內涵〉：施治。《軍事雜誌》，第五
十二卷，第七期，台北：三軍大學，1984 年 4 月。

25．〈先秦「二孫」戰略思想理論之比較研究（上）〉：陳式平。
《軍事雜誌》，第五十二卷，第十期，台北：三軍大學，1984
年 7 月。

26．〈先秦「二孫」戰略思想理論之比較研究（下）〉：陳式平。《軍
事雜誌》，第五十二卷，第十一期，台北：三軍大學，1984 年
8 月。

27 . 〈我國傳統兵學思想之特色〉：魏汝霖。《軍事雜誌》，第五十二卷，第五期，台北：三軍大學，1985 年 2 月。

28 . 〈孫子兵法別裁（一）〉：潘光建。《陸軍學術月刊》，第二十二卷，第二四四期，桃園：陸軍學術月刊社， 1985 年 12 月。

29 . 〈管子軍事思想研究〉：徐文助。《國文學報》，第十五期，台北：師範大學，1986 年。

30 . 〈孫子「九變」與其「常與變」的戰爭哲學〉：李啓明。《國防雜誌》，第三卷，第九期，台北：三軍大學，1988 年 3 月。

31 . 〈用兵與地利 —— 兵學叢談（二）〉：潘光建。《國防雜誌》，第三卷，第九期，台北：三軍大學，1988 年 3 月。

32 . 〈孫子兵法別裁行軍篇第九 —— 地形利用與敵情判斷（上）〉：潘光建。《陸軍學術月刊》，第二十五卷，第二八〇期，桃園：陸軍學術月刊社，1988 年 12 月。

33 . 〈孫子兵法別裁（廿），地形篇第十一 —— 對地形之認識〉：潘光建。《陸軍學術月刊》，第二十五卷，第二八十一期，桃園：陸軍學術月刊社，1989 年元月。

34 . 〈孫子兵法別裁（廿一），九地篇第十一 —— 地略與戰爭研究（一）運用指導〉：潘光建。《陸軍學術月刊》，第二十五卷，第二八二期，桃園：陸軍學術月刊社，1989 年 2 月。

35 . 〈孫子兵法別裁（廿二），九地篇第十一 —— 地略與戰略之研究（二），遠征（深入）作戰之指導〉：潘光建。《陸軍學術月刊》，第二十五卷，第二八三，期桃園：陸軍學術月刊社，1989 年 3 月。

36 . 〈孫子兵法別裁（廿五）用間篇第十三，戰爭中之另一戰爭〉：潘光建。《陸軍學術月刊》，第二十五卷，第二八六期，